Grundschule — *Gabriele Klink*

Auf der Straße nach Weihnachten

Advents- & Weihnachtszeit mit allen Sinnen erfahren

KOHL VERLAG — Lernen mit Erfolg

www.kohlverlag.de

Auf der Straße nach Weihnachten / Grundschule
Advents- und Weihnachtszeit mit allen Sinnen erfahren

1. Auflage 2021

© Kohl-Verlag, Kerpen 2021
Alle Rechte vorbehalten.

Inhalt: Gabriele Klink
Illustrationen und Bilder: Gabriele Klink
Redaktion: Kohl-Verlag
Grafik & Satz: Kohl-Verlag
Druck: Druckhaus DOC GmbH, Kerpen

Bestell-Nr. 12 817

ISBN: 978-3-98558-215-0

Bildnachweise © AdobeStock.com:
S. 36: Annalisa; **S. 54:** Jemastock; **S. 58:** myosotisrock; **S. 70:** Maciej Olszewski; **S. 71:** photosvac; **S. 72:** Janni.

Das vorliegende Werk und seine Teile sind urheberrechtlich geschützt. Jede Nutzung in anderen als den gesetzlich zugelassenen Fällen bedarf der vorherigen schriftlichen Einwilligung des Verlages. Hinweis zu § 52a UrhG: Weder das Werk noch seine Teile dürfen ohne eine solche Einwilligung eingescannt und in ein Netzwerk oder das Internet eingestellt werden. Dies gilt auch für Intranets von Schulen und sonstigen Bildungseinrichtungen.

Der vorliegende Band ist eine Print-Einzellizenz

Sie wollen unsere Kopiervorlagen auch digital nutzen? Kein Problem – fast das gesamte KOHL-Sortiment ist auch sofort als PDF-Download erhältlich! Wir haben verschiedene Lizenzmodelle zur Auswahl:

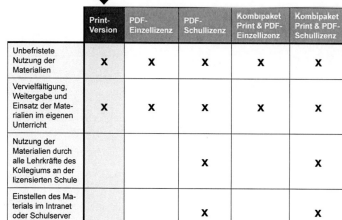

	Print-Version	PDF-Einzellizenz	PDF-Schullizenz	Kombipaket Print & PDF-Einzellizenz	Kombipaket Print & PDF-Schullizenz
Unbefristete Nutzung der Materialien	x	x	x	x	x
Vervielfältigung, Weitergabe und Einsatz der Materialien im eigenen Unterricht	x	x	x	x	x
Nutzung der Materialien durch alle Lehrkräfte des Kollegiums an der lizenzierten Schule			x		x
Einstellen des Materials im Intranet oder Schulserver der Institution			x		x

Die erweiterten Lizenzmodelle zu diesem Titel sind jederzeit im Online-Shop unter www.kohlverlag.de erhältlich.

Inhaltsverzeichnis

Seite

Einstimmung & Vorwort 4

① Lexikon für Traditionen, Begriffe & Hintergrundwissen .... 5 - 19

Advent / Weihnachtszeit / Adventssymbole / 4. Dezember: Barbara-Tag / Auf den Spuren des heiligen Bischofs Nikolaus / Nikolaus, Weihnachtsmann, Rentiere / Nikolaus hilft den drei Jungfrauen / 13. Dezember: Lucia-Tag / Lichter-Schwemmen in Fürstenfeldbruck / Geschichtlicher Blick auf Weihnachten / Entstehung von Krippen / Krippen als Spiegel der Kulturen / Weihnachtsspiele / Heiligabend / Mitternachtsmesse / Der Schwibbogen / Die Geschichte vom Christbaum / Die Geschichte der Weihnachtskugel / Traditionelles Festmenü mit Gans, Truthahn und Karpfen / Die Bedeutung von Engel / Mistelzweige / Christkind, Heiligabend, Luther / Christkind in der Wiege / Eine Rose erblüht mitten im Winter / Weltbekannte Hits: „Stille Nacht", „Oh du fröhliche" und „Oh Tannenbaum" / 25. Dezember, unser erster Weihnachtsfeiertag / Warum gibt es zwei Weihnachtsfeiertage? / 27. Dezember: Johannes-Tag / 28. Dezember: Tag der unschuldigen Kinder / Die 12 Raunächte / Haus und Hof von Geistern befreien / Silvester, Neujahr und die Zeitzonen / 6. Januar: Die Heiligen Drei Könige / Wer waren diese Heiligen Drei Könige? / Geschichte der Drei Könige / Werden sie auch anderswo gefeiert? / Stern von Bethlehem / Zimmer-Ast Mobile / Scherenschnitte / Transparent Kerzen Glas / Rollen Adventskalender Kette / Lebkuchen Adventszug / Weihnachtskugel-Gondel-Adventskette / Weihnachtliche Brote gestalten / Lebkuchen Gesichter / Keks Kerzen / Weihnachtskrippe in Butterfrucht / Baumscheiben Krippe / Vom Schenken / Was symbolisiert ein Geschenk? / Wichteln, Sternengeschenke, Weihnachten im Schuhkarton / Das besondere Geschenk / Vom Schenken und als dies verboten wurde / Die leere Krippe

② Andere Länder, andere Sitten (Berichte von Eltern) .... 20 - 22

③ Legenden und Erzählungen zur Winter- & Weihnachtszeit .... 23 - 32

Die Legende von der Christrose / Legende von der Silberdistel / Seltsame Begegnung / Die Sterndeuter / Dezember in Bethlehem vor 2000 Jahren / Wer war Lukas? / Wer war Matthäus? / Begriffe zur Weihnachtsgeschichte / Geschichtliche Figuren und Ereignisse

④ Theater, Spiele, Lieder – Kreativer Zugang zur Weihnachtszeit ... 33 - 76

Scharade Spiel zur Adventszeit / Die Weihnachtsgeschichte / Lebendiges Schattenspiel: Wärme kann man teilen / Begegnung von Dunkelheit und Licht / Zwiegespräch zwischen Marias kleinem Esel und den Evangelisten / Das Gebot des Kaisers Augustus / Wer klopfet an? / Vom Mann, der Feuer holen ging / Gesprächsrunde und die fünfte Kerze am Adventskranz / Michael und Berkant begegnen Weihnachten / Schattenspiele mit Texten und Spielfiguren: Peter und der Wolf / Weihnachtliche Spielanregungen und Aktionen

Einstimmung & Vorwort

Kinder erleben sich ganzheitlich und Feste gestalten stärken nicht nur ihr Selbstwertgefühl, sondern fördern die Klassengemeinschaft, bieten vielfältigen Raum für Inklusion und Integration oder zeigen ihnen die Vielfalt der Welt. Sie geben ihnen Sicherheit, neue Erfahrungen lassen sie in die Haut des anderen schlüpfen. Sie entdecken und sehen die Welt mit anderen Augen. Theater spielen und vor Zuschauern als Publikum agieren, verströmen einen ganz besonderen Reiz. Die Angst, sich zu blamieren oder zu versagen, war kein Thema, denn die Kinder schufen sich ihre individuellen Freiräume bei jeder Festgestaltung oder Aufführung. Sie standen im Mittelpunkt, ihre Vorschläge, Ideen und Visionen standen an erster Stelle und so waren sie diejenigen, die ein Fest sinnlich, engagiert mit Freude und Spaß fühl- und erlebbar machten.

Alle Formen und Möglichkeiten von darstellendem Spiel und Kunstprojekten sind in der Praxis entstanden, wurden von den Teilnehmern erfunden und in Texte umgestaltet. Zuhören, Fabulieren, Singen, Überraschungsmomente integrieren und Freude vermitteln gehörten genauso dazu, wie sich aufeinander einlassen, gemeinsam agieren oder zuhören. Sprache, Bewegung, Gestik, Mimik, sich einbringen, ein- und unterordnen, Rollen gestalten und sich darin vertiefen, bildeten das Fundament. Musik öffnet nicht nur die Herzen, sondern ist gesungene Sprache und Kultur. Miteinander diskutieren, Ergebnisse erarbeiten, sich auf ein darstellendes Abenteuer in vernetzter Teamarbeit einzulassen, bildeten weitere Bausteine.

Wissen, warum wir Weihnachten feiern, ohne selbst der christlichen Religion anzugehören oder sie aktiv auszuüben, öffnen überraschende Blicke über den Tellerrand und stoßen Türen in die Welt auf. Hierbei ging es mir auch um Vermittlung von Traditionen und Werten, um damit in einen Dialog einzutreten. Religion kann und darf Werte vermitteln zwischen christlichen, muslimischen und orthodoxen Glaubensrichtungen genauso wie zum Buddhismus, Hinduismus oder zu Menschen, die keiner Religionsgemeinschaft angehören. Unterschiedliche Namen, Vorstellungen und Ansichten sind Bereicherungen und bilden Brücken zur Verständigung. Dies darf keine Einbahnstraße sein, sondern ein lebendiger Dialog. Barrieren abbauen, Traditionen hautnah erkunden und interreligiöse neue Erfahrungen entdecken sind auch eine Herausforderung. Wir entdecken, dass die Geburt Jesu der Beginn unserer Zeitrechnung ist, die jedoch nicht beim Jahr Null, sondern mit dem Jahr sieben beginnt. Jesu kam als Christ-Kind zu uns, in unser Christfest werden heidnische Bräuche mit christlichen Daten verwoben. Wir artikulieren Fragen, nehmen die Welt bewusster wahr, formulieren keine Wertungen (besser oder schlechter), sondern erkunden, wie jeder unterschiedlich auf Fremdes oder Vertrautes reagiert. Es macht Freude, Kinder und Eltern im Alltag zu begleiten, wie sie religiöser Vielfalt achtungsvoll begegnen.

Grundschulkinder

Ihr Hör- und Textverständnis ist gefestigt, sie setzen sich bewusst mit aktiver, auch poetischer Sprache auseinander und verknüpfen diese. Sie gleiten vom Märchenalter zu geschichtlich überliefertem Hintergrundwissen, sind neugierig, offen, auch kritisch, forschen und hinterfragen gerne und wollen Tatsachen recherchieren. Ihr vernetztes Denken und Handeln verknüpft sich noch immer mit Märchenelementen, Sagen oder Legenden. Theaterspiel mit festgelegten Rollen als Teamwork, Angebote mit Lebensweisheiten in Fabeln, mit daraus erfolgender „Lehre" und Moral für eigenes Tun und Handeln, sind spannend und werden hinterfragt. Sie erweitern Vorwissen und Sachkenntnisse, sie erkunden Hintergründe und wenden sich verstärkt den Bereichen Religionen, Ethik, Literatur zu.

Weihnachtszeit, eine lebendige Brücke zur Integration

Kinder erkunden hautnah, dass Weihnachten eine Verständigungsbrücke zur Integration und aufeinander zugehen einschließt und anbietet. Dieser geschichtliche Hintergrund, Legenden, Wissen, Sitten sowie Brauchtum und ihr Zauber eröffnet für alle eine aktive gemeinsame Teilhabe und bieten sich als vielfältiges, auch weltvernetzendes und weltumspannendes Projekt, einem Tor zur Welt, an.

Viel Freude mit dem vorliegenden Material wünschen das Team des Kohl-Verlags und

Gabriele Klink

1 Lexikon für Traditionen, Begriffe & Hintergrundwissen

Advent

Im christlichen Glauben ist es die Zeit der Erwartung auf die Ankunft Christi in seiner Geburt. Mit dem 1. Adventsonntag beginnt das Kirchenjahr. Vier Adventsonntage weisen den Weg bis Weihnachten, sie werden in Form eines grünen Adventskranzes oder Gesteckes verdeutlicht. Adventslichter, Geschichten und Kalender verkürzen vor allem für Kinder die Wartezeit auf Weihnachten. In unserer Schule versammelten sich an jedem Adventmontag alle Klassen im Treppenhaus, sangen gemeinsam, schmückten den aufgestellten Tannenbaum Schritt für Schritt, lauschten Gedichten, kleinen Geschichten und starteten dann in die Unterrichtswoche.

Weihnachtszeit

Es ist die Zeit des Bastelns, Wünsche erfüllen, der frühen Dunkelheit und Wärme im Haus. Sie beginnt mit Sankt Martin, begleitet zur Heiligen Barbara, Sankt Nikolaus oder Lucia. Lieder klingen durch den Raum, Gedichte werden eifrig auswendig gelernt und eine Weihnachtsfeier in der Schule oder Kirche wird vorbereitet. Freude erfahren, anderen eine Freude bereiten, Heimlichkeiten und Vorfreude stehen im Zentrum. Die Fenster sind mit Sternen geschmückt, Transparente leuchten in die Dunkelheit hinaus und verströmen Besinnung und Wärme. Es ist die Zeit des Teilens, Schenkens, an andere denken. Die Zeit der Nähe, der Geborgenheit, aber auch der Einsamkeit, der Familienstreitigkeiten, des Lärms, der Hektik, dem Rennen nach Geschenken. Es liegt an jedem selbst, sich abzugrenzen, um diese besinnliche Zeit und Momente zu gestalten. Uralte und traditionelle Sitten und Bräuche entfalten ihren Zauber, ziehen uns in ihren Bann, passen sich auch unserem Zeitgeist an. Sie verändern sich, verschwinden oder geraten in Vergessenheit, um wieder aktiviert zu werden. Zeit der Erwartungen, Wünsche, Träume, des Staunens, ein zu-sich-finden, kleine Dinge sehen und Muse, eine brennende Kerze gedankenverloren zu beobachten. Kalendarisch wurde Weihnachten erstmals im Jahr 345 notiert.

Adventssymbole

Ein grüner Kranz symbolisierte früher Sieg, Anfang ohne Ende, den ewigen Kreislauf des Jahres. Geflochtene Kränze sollten Segen ins Haus bringen und Unheil abwenden. Diese Zauberkränze wurden mit goldenen oder roten Bändern umwickelt. Der Adventskranz steht dafür, dass Christus den Tod besiegt. Johann Hinrich Wichern, Heimleiter in Hamburg, baute 1839 mit 19 kleinen roten und vier weißen, großen Kerzen den ersten Kranz für seine „Kinder" und seit 1910 werden Adventskränze festlich geschmückt. Im 19. Jahrhundert wurden 24 Kreidestriche an die Tür gezeichnet, täglich wurde ein Strich abgewischt. Dazu gab es eine Liturgie aus Gesang und Bibellesung. Anderswo wurden Kalenderblätter nacheinander abgerissen, eine Kerze brannte Stück für Stück nieder, um eine geheimnisvolle Spannung aufzubauen. Der erste gebastelte Adventskalender entstand 1851. Gerhard Lang ließ 24 Bilder aufkleben. Ab 1950 erstrahlte er mit zu öffnenden Fenstern, darunter erschien ein Bild und Silberglitter schmückte ihn. Nach Weihnachten wurden alle Türchen geschlossen und im folgenden Jahr wieder verwendet.

1 Lexikon für Traditionen, Begriffe & Hintergrundwissen

4. Dezember: Barbara-Tag; Barbara-Legende

Am 4. Dezember, ihrem Todestag, wird seit dem 12. Jahrhundert der Heiligen Barbara gedacht. Man schneidet Baumknospenzweige ab, stellt sie in eine Vase und sie erblühen zu Weihnachten, erweitert mit dazwischen gesteckten grünen Tannenzweigen. Etwa um 350 n. Chr. lebte in Nikomedien (Türkei) der heidnische Fürst Dioskorus. Er war überall wegen seiner Zornesausbrüche sehr gefürchtet.

Seine über alles geliebte Tochter Barbara war wunderschön, deshalb sperrte er sie, wenn er reiste, in einen hohen Turm, um sie vor allem Bösen zu schützen. Dann stand Barbara an einem der beiden Fenster und schaute in die Welt hinaus. „Wer hat wohl diese so wunderschöne Welt erschaffen?" überlegte sie. Ihre Lehrer konnten diese Fragen nicht genügend beantworten. Irgendwann begann Barbara, nach dem Schöpfer der Welt zu suchen und entdeckte Gott. Ihr Vater suchte nach einem Bräutigam für sie, doch kein Prinz gefiel ihr. Sie wollte unbedingt die Braut Christi werden. Dioskorus wurde sehr zornig: „Ich werde ein Jahr auf Reisen gehen und wenn ich zurückkomme, wirst du heiraten!", rief er aufgebracht. Barbara bat heimlich die Bauarbeiter, ein drittes Fenster in die Mauer zu brechen. „Sie sind für Gott und meine Kapelle. Das erste Fenster widme ich Gott, das zweite seinem Sohn und das dritte dem Heiligen Geist", murmelte sie. Und heimlich taufte der Priester sie. Als Dioskorus zurückkehrte, wunderte er sich über das dritte Turmfenster und stellte seine Tochter zur Rede. Als er erfuhr, dass sie getauft war, rannte er wutentbrannt zum Richter und tobte: „Barbara ist Christin geworden, bestraft sie!" Die Richter sprachen zu Barbara: „Was du getan hast ist falsch. Bringe den Göttern als Entschuldigung ein Opfer dar." Doch Barbara widersetzte sich dem Befehl ihres Vaters und glaubte weiter an Gott. Darüber wurde ihr Vater so wütend, dass er den Befehl erließ, seine heißgeliebte Tochter zu enthaupten. Barbara jedoch floh, versteckte sich hinter einem Felsen, aber ein Hirte verriet sie. Der Vater ließ sie zurückbringen und enthauptete sie am 04.12. mit seinem eigenen Schwert. Sie ist Schutzheilige für alle, die unter Tage arbeiten oder gefährliche Berufe ausüben: Architekten, Bauarbeiter, Bergleute, Feuerwehr, Sprengmeister, Artilleristen. In vielen Bergdörfern zündet man ihr zu Ehren am 4. Dezember Kerzen an. Der Ruf: „Glück auf!" ist ein Wunsch, dass alle aus dem Bergschacht heil zurückkommen. Barbara bedeutet Barbarin oder Fremde oder Bart und ihr Namen schützt deshalb auch Frisöre, Hutmacher oder Bürstenbinder.

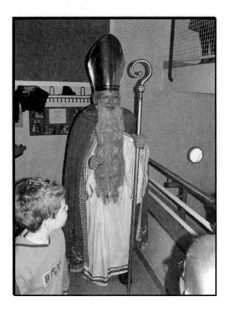

Auf den Spuren des heiligen Bischofs Nikolaus

Er ist ein christlicher Heiliger und dies reicht aus, ihn heute noch zu feiern und als Vorbild zu nehmen. Das Gutsein zum anderen, das Annehmen jedes Menschen, die helfende, alle Not überwindende Liebe, kennzeichnet seine Gestalt. Anderen Freude bereiten, Senioren besuchen, um sie mit einem Gruß, Lied, Gedicht zu überraschen und in seine Fußstapfen zu treten, wurden zur Tradition an unserer Schule. Eine gemeinsame Nikolausfeier in der Klasse mit den Familien und Festprogramm oder eine Begegnung im Treppenhaus der Schule, zu der jede Klasse ein Lied oder Gedicht beisteuert, wurde ein nachhaltiges Erlebnis. Natürlich erhält jede Klasse auch ein Päckchen, heimlich gepackt vom Klassenlehrer, aus dem braunen Sack.

1 Lexikon für Traditionen, Begriffe & Hintergrundwissen

Nikolaus, Weihnachtsmann, Rentiere

Die Geschichte vom Bischof Nikolaus, die Märchengestalten von Santa Claus in Amerika oder dem Weihnachtsmann, haben alle Elemente, um die Phantasie anzuregen. Er wohnt am Nordpol im finnischen Korvatunturi, in Grönland (oder am Südpol) mit seinen acht Rentieren. In dieser Hirschart tragen weibliche und männliche Tiere ein Geweih, mit denen sie den Schnee wegschieben, um an Futter zu gelangen. Sie können Geschwindigkeiten bis zu 60 km/h erreichen und leben in riesigen Herden mit rund 10.000 Tieren in einem Revier von bis zu 300 km. Sie gleiten mit dem Nikolaus durch die verschneite Welt, fliegen über den Himmel, kommen bei Kerzenlicht oder rutschen durch den Kamin. Der Rudolph Song von J. Marks erschien 1949 und L. May schrieb 1939 die Geschichte des kleinen Rentieres mit der roten Nase. Rentiere galten bereits im Mittelalter als Fabelwesen. Knecht Ruprecht als Begleiter vertrieb mit seiner Rute die bösen Geister und der Weihnachtsmann bringt kleine Überraschungsgeschenke.

Legende: Nikolaus hilft den drei Jungfrauen

In Myra lebte auch ein armer Mann, der hatte drei Töchter. Damals war es nötig, dass eine Tochter, die heiraten wollte, Gut und Geld als Brautsteuer mitbrachte. Ohne diese war eine Heirat für ein damaliges Mädchen nicht möglich. Als der Bischof Nikolaus von der Not des Mannes und seiner drei Töchter erfuhr, stieg er heimlich in der Nacht auf das niedrige Dach der Familie und warf durch den Schornstein drei Klumpen Gold, für jedes Mädchen einen, hinunter. Und sie plumpsten genau in die drei aufgehängten Strümpfe, die unten am Kamin zum Trocknen hingen. Die Mädchen und der Vater staunten nicht schlecht und waren überglücklich, als sie am anderen Morgen die gefüllten Strümpfe entdeckten. Nun durften die Mädchen heiraten, denn ein Unbekannter hatte ihnen das Brautgeld heimlich zugesteckt.

Die berühmteste Legende ist die Rettung der Dorfkinder aus der Gefangenschaft von Seeräubern, indem Bischof Nikolaus in seine Heimatstad Myrha, heute Demre in der Türkei, seinen Kirchenschatz opferte.

13. Dezember: Lucia-Tag, Legende

In Skandinavien feiert man seit dem 13. Jahrhundert das Lichterfest der heiligen Lucia. Diesen Brauch gestaltet man auch bei uns. Mädchen in langen, weißen Gewändern tragen einen grünen Kranz mit weißen Kerzen auf dem Kopf. Die Lichterkönigin regiert einen Tag lang, in der Familie wurde dazu die älteste Tochter auserwählt. Lucia reiste einst zu einem Heiligenschrein, dort erschien ihr ein Engel und verkündete ihr, dass sie sich „Leuchtende" nennen darf (Lux bedeutet Licht). Sie trat zum Christentum über, verschenkte all ihr Hab und Gut an die Armen. Ihr erzürnter Bräutigam brachte sie deshalb vor ein römisches Gericht und sie sollte im Jahr 303 als Christin verbrannt werden, überlebte dies und wurde danach enthauptet. Um ihre helfenden Hände allzeit einsetzen zu können, trug sie ihr Kerzenlicht auf dem Kopf. Lucia geht ursprünglich auf die heidnische Sonnwendfeier zurück, als Feuerräder den Berg hinunterrollten. Daraus entstand die Lichterfrau Perchta, die Schutz vor Hexen gab.

Lichter-Schwemmen in Fürstenfeldbruck

Vor dem Gedenktag der heiligen Lucia am 13. Dezember basteln die Buben Nachbildungen von Gebäuden ihrer Stadt und setzen Kerzen hinein. Die Fenster der Gebäude sind mit buntem Transparentpapier hinterklebt. Die Häuschen werden in der Kirche gesegnet und in den Fluss Amper gesetzt. In der Dunkelheit schwimmen sie davon. Der Sage nach soll das Lichterschwemmen den Ort seit dem 18. Jahrhundert vor Überschwemmungen bewahren.

1 Lexikon für Traditionen, Begriffe & Hintergrundwissen

Geschichtlicher Blick auf Weihnachten

Die Römer feierten am 25. Dezember das Fest des Sonnengottes Mithras, die Kirche griff diese Lichtsymbolik auf, erhob im 4. Jahrhundert das Christentum zur Staatsreligion und den

25. Dezember zum kirchlichen Feiertag. Die Sonnwende beginnt ebenfalls am 25. Dezember und mit Christi Geburt kommt das Weltenlicht. Weihnachten hieß 1170 „Wihnahten oder zewihen nahten" und bedeutete: In den heiligen Nächten. Der früheste Beleg dafür stammt aus dem 12. Jahrhundert. Damals feierte man nicht Christi Geburt, sondern den Tag seiner Taufe am 6. Januar. Doch der 25. Dezember war für viele Völker ein heiliger Tag der Erinnerung. Im alten Ägypten, bei den Griechen, Syrern und Römern galt er als Geburtstag ihres unbesiegbaren Sonnengottes. An diesem Tag feierte man auch die Geburt des indisch-persischen Lichtgottes

„Mithras", welcher auch „unbesiegte Sonne" genannt wurde. Weil Christus als Licht der Welt verehrt wird, konnte man keinen besseren Tag wählen. In Deutschland setzte sich ab dem 7. Jahrhundert der Brauch durch, die Geburt Christi am 25. Dezember zu zelebrieren. In Russland feiert man dies am siebten Januar, denn die orthodoxen Christen richten sich nach dem julianischen Kalender. Zu den drei wichtigsten Kirchenfesten zählen neben Weihnachten auch Ostern und Pfingsten. Ohne all diese Rituale in aller Welt, dem Gedanken des Schenkens und der Liebe würden sich in unserer Zeit nur noch wenige Menschen an die Geburt Jesu erinnern.

Entstehung von Krippen

Krippen sind ein Zeichen dafür, dass Jesus für alle Menschen, gleichgültig welcher Herkunft, geboren wurde. Im Judentum und Islam wird Weihnachten nicht gefeiert, da Jesus in beiden Religionen nicht als Sohn Gottes verstanden wird. Im Islam ist Jesus ein von Allah auserwählter Prophet, welcher von den Gläubigen sehr geschätzt wird. Eine Krippe verdeutlicht das Weihnachtsgeschehen. Frühe Zeugnisse fand man in Katakomben. Die ersten Krippen entstanden im 14.-15. Jahrhundert aus einfachen Holzfiguren und einem Stall, wurden später von Holzschnitzern zu prächtigen Krippen ausgebaut. Die erste Jesuitenkrippe stand 1560 in Lissabon. Für die Herzogin von Amalfi wurde um 1567 eine Krippe mit 167 Figuren hergestellt. 1607 folgte München, ein Jahr später Innsbruck. 1720 wurde in der Kreuzlinger Stiftskirche neben dem

Altar eine meditative Krippe mit 360 Figuren aufgebaut. Katholische Mönche und Jesuiten verbreiteten vor etwa 400 Jahren die Krippenidee weiter. Private Weihnachtskrippen leisteten sich italienische Fürstenhäuser. Dann wurden Krippen in Süddeutschland aufgestellt. Von da aus eroberten sie Bürgerhäuser und Bauernhöfe. Kaiser Josef II. verbot im Jahre 1782 das Aufstellen der Krippen in Kirchen und Klöster. Im Zeitalter der Aufklärung stufte man sie als „sentimental und kitschig" ein, sie hatten keinen Platz in den religiös-politischen Reformen, verschwanden aus diesen Institutionen aber eroberten die Häuser der Bürger. Krippen werden heute in 79 Ländern unserer Erde aufgestellt. Krippenspiele gab es

in den ersten Jahrhunderten nach Christi Geburt und gerieten in Vergessenheit. Franziskus von Assisi stellte 1223 im Wald einen Altar auf, mit lebenden Tieren (Esel, Ochsen) und einer Futterkrippe und zelebrierte die Weihnachtsmesse mitten unter seinen Zuhörern an der lebendigen Krippe.

Lexikon für Traditionen, Begriffe & Hintergrundwissen

Krippen als Spiegel der Kulturen

Früher wurden Krippen aus Brotteig gestaltet. Es gab auch Kapselkrippen, Tonpfeifkrippen und aus Gold und Edelsteinen kostbare Krippen. Die Kapselkrippe war eine Reisekrippe und wurde in einem Ei, kleinem Behälter eingebettet. Im Südamerika sind Streichholzschachtel-Krippen beliebt und die kleinste Krippe findet in einer Walnusshälfte Platz. Spielkrippen wurden mit Marionettenfiguren oder Handpuppen lebendig dargestellt. Diese Aufführungen waren in Tirol sehr beliebt. In über 79 christlich geprägten Ländern auf unserer Erde werden Krippen präsentiert. Selbst in entlegenen Dörfern gibt es individuelle Vorstellungen von der Krippengestaltung, denn die Bewohner möchten sich mit dieser Geburtsgeschichte identifizieren. Auch Menschen, die weder lesen noch schreiben konnten, erhielten einen direkten, anschaulichen Bezug und Zugang zur Krippe mit seinem Geschehen. Die

größte Krippensammlung steht im Nationalmuseum in München, dabei sind die aus Adelspalästen präsentierten Krippen aus Neapel besonders eindrucksvoll.

Weihnachtsspiele

Das erste Weihnachtsspiel wird im 10. Jahrhundert erwähnt. Die Hirten und die Weisen aus dem Morgenland beteten das Kind in der Krippe an. Katholische Christen stellten im Mittelalter die Krippe ins Zentrum, evangelische Christen erkoren grüne Reiser, später den Weihnachtsbaum, zum zentralen Weihnachtssymbol. Das Christkind galt als eine protestantische Antwort auf die Gestalt des heiligen Bischofs Nikolaus.

Heiligabend

Seit der Reformationszeit finden Gottesdienste auch am Nachmittag statt, sie ergänzen die Mitternachtsmette der katholischen Kirche. Das Lukasevangelium steht mit seiner Weihnachtsgeschichte in den Predigten im Zentrum. Der „Heilig Abend" zählt zum „Stillen Tag".

Mitternachtsmesse

Sie ist in katholischen Gemeinden bekannt. Früher versammelten sich die Menschen auf dem Bauernhof um den Weihnachtsbaum, beteten, wachten und lauschten der vorgelesenen Weihnachtsgeschichte. Mit Fackeln begab man sich um Mitternacht auf den Weg zum Gottesdienst in die Kirche.

Der Schwibbogen

Früher stellten bei Einbruch der Dunkelheit Bergarbeiter traditionell einen mit Kerzen bestückten Schwibbogen an die Fenster. Dies symbolisierte die Sehnsucht der Bergleute nach Sonnenlicht und Wärme, denn im Winter fuhren sie bei Dunkelheit in den Stollen ein und kehrten erst bei Dunkelheit wieder ans Tageslicht zurück. Seine Lichter stellten ursprünglich die aus der Grube mitgenommene Grubenlaterne dar.

1 Lexikon für Traditionen, Begriffe & Hintergrundwissen

Die Geschichte vom Christbaum

Er ist das beliebteste weihnachtliche Symbol. Sein Grün steht für das auch im Winter nicht absterbende Leben, die Lichter als Wiederkehr des Lichtes und der Hoffnung auf hellere Jahreszeiten. In Weihnachtsbaumschulen kann man ihn selbst schlagen oder im Topfballen erstehen. 1419 schmückten die Freiburger Bäcker einen Baum mit Früchten, Nüssen und Backwerk, welche die Kinder in der Neujahrsnacht abschütteln durften. Ein geschmückter Baum wurde urkundlich erstmals 1539 in Straßburg erwähnt. Die reformierte Kirche widersetzte sich diesem „Waldplündern" und versuchte, diesen „heidnischen Brauch" zu unterbinden – vergebens. Der erste kerzengeschmückte Christbaum stand 1611 im Schloss der Herzogin Dorothea Sybille von Schlesien. Dann wurde der Baum wegen Gotteslästerung verboten. Wachs war damals sehr teuer, erst Mitte des 19. Jahrhunderts wurden die Ersatzstoffe Stearin und Paraffin gefunden. Nun schmückten auch die Bürger ihren Weihnachtsbaum mit Kerzen. 1795 wurde der „Christkindleinsbaum" mit Engeln, Puppen, Tieren aus Zuckerwaren und vergoldetem Obst erweitert. Vom ersten festlich dekorierten Baum wird 1815 aus Weimar berichtet. Bunt geschmückt und im Lichterglanz steht er seit Ende des 19. Jahrhunderts als Höhepunkt in unseren Wohnungen. Nur Reiche leisteten sich einen Christbaum.

Damals waren Tannenbäume in Mitteleuropa noch selten. Als Tannen- und Fichtenkulturen angelegt wurden, eroberte der geschmückte Weihnachtsbaum unser Land. Wer nicht reich war, schmückte stattdessen mit Tannenzweigen, um das Eindringen böser Geister zu verhindern. Kugeln und Lametta bedeuten Gold und Geschenke, welche die Heiligen Drei Könige nach Bethlehem brachten.

Dem immergrünen Baum werden lebensspendende Kräfte zugeschrieben und er symbolisiert den Paradiesbaum. Bis ins 20. Jahrhundert wurde der Weihnachtbaum an einem Seil an der Decke aufgehängt, die Wohnungen waren sehr klein und darunter bot sich Platz für Geschenke, zum Spielen oder für die Festtafel. 1930 wurde in einer Klobürstenfabrik der erste künstliche Weihnachtbaum kreiert.

Die Geschichte der Weihnachtskugel

Die Wiege der gläsernen Weihnachtskugeln steht in Lauscha/Thüringen im Erzgebirge, denn die armen Glasbläser hatten weder Äpfel noch Nüsse um ihren Baum zu schmücken. Dort entstand 1597 die erste Glashütte. Christbaumschmuck-Formenbauer entwickelten 1848 die ersten Kugel-Formen. 1870 wurde die Glasoberfläche mit einer Zinn-Bleilegierung überzogen und erhielt ihren Glanz. Später wurde Silbernitrat in die Kugeln eingebracht und sie wurden handbemalt. Als 1820 der Blasebalg erfunden wurde und Leuchtgas mit höheren Temperaturen hinzukam, eröffnete 1876 in Lauscha die erste Fabrik für Christbaumkugeln. Noch heute werden in Lauscha Christbaumkugeln aus Glas nach alter Tradition mit dem Mund geblasen und die einzige Schule für Glasbläserkunst steht dort. Heute werden günstig Weihnachtskugeln maschinell in allen erdenklichen Farben, Formen und Materialien hergestellt. Im ersten Weltkrieg wurden mit Glaskugeln geschmückte Bäume zu den Soldaten in die Schützengräben gebracht.

1 Lexikon für Traditionen, Begriffe & Hintergrundwissen

Die Gans-Tradition wird von der Martinsgans, dem ersten vorweihnachtlichen Fest, abgeleitet. Am 11.11. wird das Martinsfest von Kindern gefeiert, die traditionell Laternen durch den Ort tragen. Vor dem adventlichen Fasten wird eine Gans verspeist. Mit Heiligabend endet die Fastenzeit. Berichtet wird, dass die englische Königin Elizabeth I. gerade beim Gänsebraten saß, als die Nachricht eintraf, dass die spanische Flotte besiegt wurde. Aus Freude darüber, als gutes Omen, erhob sie diese Gans zum Weihnachtsbraten und dieser Brauch breitete sich rasch aus. Weihnachtskarpfen, Weihnachtspute oder Truthahn erweiterten den festlichen Speiseplan.

Die Bedeutung von Engeln

Engel sind himmlische Agenten in göttlicher Mission. Sie verkündeten den Hirten auf dem Feld die Geburt Christi, die frohe Botschaft und den Frieden in der Welt. In der Bibel entdecken wir sie als Verkündigungsengel. Als Boten Gottes vermitteln sie zwischen Gott und den Menschen, haben übermenschliche Kräfte und sind geistige Wesen. Die Engelsverehrung wurde 787 in Nizza kirchlich bestätigt. Dieses lehnte der Protestantismus zunächst ab, konnte sich aber nicht durchsetzen. Engel gibt es fast in allen Religionen, auch als Todesengel. Wir kennen Schutzengel (02.10. Schutzengeltag) sie begleiten uns Tag und Nacht im Abendgebet und in Fürbitten. Wir kennen sie als Friedensengel, Oberengel als Erzengel, Engel als Siegesgöttinnen, engelsartige Wesen im Hinduismus oder im Islam. Bei den Griechen gab es schon vor 2500 Jahren geflügelte göttliche Wesen und die alten Ägypter verehrten ihre Schutzgöttin Isis.

Mistelzweige

Die Mistel ist ein Schmarotzer, der sich überwiegend in Laubbäumen einnistet und dem Baum Wasser und Mineralstoffe stiehlt. Der immergrüne Zweig wird in vielen Ländern in der Weihnachtszeit über der Haustür oder in der Wohnung aufgehängt. Seine mystische Faszination mit heilender Wirkung und mythologischer Bedeutung reicht viele Jahrtausende zurück. Schon bei den Kelten war sie heilig. Sie zu ernten war nur den Druiden im Rahmen spezieller ritueller Feste zur Zubereitung zauberkräftiger Getränke gestattet. Sie sollten Unbesiegbarkeit, Kraft und Mut verleihen, sowie Mensch und Vieh fruchtbar machen. Die Pflanze wurde zudem als Heirats- und Liebessegen verwendet und man trug sie in einem Amulett bei sich. Stehen Verliebte unter diesem Grün, bedeutet dies Hochzeit im kommenden Jahr. Ein Kuss unter der Mistel gilt als Symbol des Friedens und verspricht Kinderreichtum. Die Mistel ist eine Symbolpflanze zur Wintersonnenwende.

1 Lexikon für Traditionen, Begriffe & Hintergrundwissen

Christkind, Heiligabend, Luther

Das Christkind ist nicht mit dem neugeborenen Jesuskind identisch. Der Begriff geht auf die Weihnachtsspiele zurück in der die „Christ-Kinder" zur Krippe zogen. Die protestantische Kirche lehnte die Heiligenverehrung der katholischen Kirche ab, deshalb führte ihr Reformator Martin Luther im 16. Jahrhundert das Christkind als Gegenpart zum Heiligen Sankt Nikolaus als Geschenke-Bringer ein. 1538 zelebrierte er dieses Fest der Familie mit Geschenken am Heiligen Abend, weil Gott der Welt uns seinen Sohn schenkte. Der Bibeltext: „Es begab sich aber zu der Zeit …" wird in der Lutherstadt Wittenberg auch heute noch im Dom mit seinen Bürgern und seiner Prominenz zum Leben erweckt. Dieses Geschehen wird als Krippenspiel am historischen Ort von der Verkündigung über Herodes bis hin zur Flucht aus Ägypten authentisch dargestellt. Maria und Josef sind ein junges  Ehepaar, welches sein eigenes Neugeborenes in die Krippe legt. In katholischen Gegenden ist das Christkind die Symbolfigur des Weihnachtsfestes, Protestanten kürten den Weihnachtsmann dazu. Aus dem „Heilige Christ" entwickelte sich das Christkind. So dürfen sich heutige Kinder zweimal beschenken lassen. Die kleineren Überraschungsgeschenke erhält man am Nikolaustag, dem Todestag des Bischofs Nikolaus, die größeren Wunsch-Gaben zu Weihnachten.

Christkind in der Wiege

Sechs Buben tragen in der Weihnachtszeit ein Jesuskind aus Wachs in seiner Wiege durch den Ort, von Haus zu Haus. Im Wohnzimmer bei den Familien des Ortes wird die Wiege auf den Tisch gestellt und das Jesuskind in den Schlaf gewiegt. Die Buben erhalten für ihren Besuch Süßigkeiten und Geld.

Eine Rose erblüht mitten im Winter

Die Christrose, Christblume, Weihnachtsrose oder Schneerose ist ein Hahnenfußgewächs. Damit wird in manchen Gegenden der Christbaum geschmückt, als Zeichen des Lebens, das mitten im kalten Winter blüht und Schnee und Eis trotzt. Die Blume verdeutlicht, wie widerstandsfähig und stark man wird, wenn man an Christus glaubt. Die Christrose besitzt heilende Kräfte, ihre Wurzel und Blätter werden in der Medizin eingesetzt, aber vorsichtig, sie sind giftig! Sie symbolisiert den Sieg des Guten über das Böse.

Weltbekannte Hits: „Stille Nacht" „Oh du fröhliche" und „Oh Tannenbaum"

Das weltweit berühmteste Weihnachtslied **„Stille Nacht"** schrieb Pfarrer Joseph Mohr. Sein Organist Xaver Gruber komponierte die Melodie dazu. In Oberndorf bei Salzburg erklang es erstmalig zur Gitarre während der Christmette am 25. Dezember 1818. Viele Jahre blieb es ein gut gehütetes Geheimnis der kleinen Gemeinde bis der Zillertaler Orgelbaumeister Karl Mauracher in Oberndorf eine neue Orgel einsetzt. In seine Heimat zurückgekehrt, präsentiert er begeistert das mitgebrachte Lied. Bei einem Konzert in Leipzig wird es gesungen, zwei Jahre später druckt es ein Leipziger Verlag und es wird zum Volkslied. Ab 1860 tritt es seinen Siegeszug durch die Welt an, wird in vielen Sprachen gesungen, überall dort, wo ein christliches Weihnachtsfest begangen wird. **„Oh du fröhliche"** entstand 1789 in Sizilien und kam später nach Deutschland. **„Oh Tannenbaum"** entstand im 16. Jahrhundert.

Lexikon für Traditionen, Begriffe & Hintergrundwissen

25. Dezember, unser erster Weihnachtsfeiertag

An diesem Tag wurde bei den Germanen das Fest der Sonnenwende und der Beginn der 12 Raunächte, in denen die Dämonen in der Wohnung und in den Ställen ausgeräuchert wurden, begangen. Feuerräder und Feuer zu entzünden war ein Symbol für die wieder erstarkte Sonne. Der Julbock stimmte die germanischen Götter gnädig, dies wurde mit Opferschlachtungen dokumentiert. Kaiser Konstantin legte 345 erstmalig am 25.12. Christi Geburt fest.

Warum gibt es zwei Weihnachtsfeiertage?

Bei uns gibt es zwei gesetzliche Weihnachtfeiertage: Der erste ist zu Ehren der Geburt Jesu. Ihn gibt es in vielen europäischen Ländern. Der zweite ist auch dem Heiligen Stephanus gewidmet, dem ersten Märtyrer, der wegen seines Glaubens an Jesu ermordet wurde. Luther setzte zwei Feiertage fest. In den Commonwealth-Ländern wird der zweite Feiertag als „Boxing Day" begangen, die Arbeitsgeber verteilen kleine Geschenke an die Arbeitnehmer. Der zweite Feiertag erinnert daran, dass Gott zum Menschen wurde und zur Erde kam.

27. Dezember: Johannes-Tag

Johannes war ein galiläischer Fischer, wurde zum Jünger Jesu und gehörte zu den 12 Aposteln. Er soll den Trank aus einem Giftbecher unbeschadet überstanden haben, ein Wunder. Johannes starb um 100 n.Chr., gilt als Schutzpatron der Schwangeren und hilft gegen schlechtes Wetter. An der Johannisweihe wird Johanniswein getrunken. Dieser Wein soll Menschen und Tiere schützen und außerordentliche Kräfte besitzen. Der Name Johannes ist nicht nur ein Name für Jungen, sondern auch Namensgeber für zahlreiche Kirchen.

28. Dezember: Tag der unschuldigen Kinder

Dieses ist ein Gedenktag über ein unglaubliches Verbrechen: König Herodes gab in Bethlehem den Befehl, alle Buben bis zum zweiten Lebensjahr zu ermorden. Er befürchtete, dass Jesus, der soeben geboren wurde, ihm sein Reich streitig machen würde. Maria und Josef wurden durch einen Engel gewarnt und flüchteten gerade noch rechtzeitig nach Ägypten.

Die 12 Raunächte

Diese Heiligen Nächte vom 25.12. bis 5.1. sind Nächte des Überganges, welche eine Tür in andere Welten aufstößt. Sie beginnen mit der Weihnachtsnacht und haben eine besondere Bedeutung. Sie beginnen mit der Morgendämmerung und enden mit der Abenddämmerung und sind weder dem Tag noch der Nacht eindeutig zugeordnet. Sie werden als Differenz zwischen dem Mond- und Sonnenjahr gesehen. Nur wer rein und ohne Sünde ist, kann in dieser Nacht alle Tiere verstehen, sieht, wie die Sonne drei Freudensprünge vollführt, hört versunkene Glocken läuten oder entdeckt mitten im Winter erblühte Bäume.

Ihren Namen erhielten sie vom Vertreiben der rauen Gesellen und bösen Geister, die man ausräucherte oder mit Lärm in die Flucht schlug. Bei den Germanen wurde in dieser Zeit ein Gerichtsfriede eingehalten. Dieses Zeitfenster zwischen den Jahren bedeutet einen Unterschied von 11 Tagen und 12 Nächten. Es ist die Zeit des Innehaltens, die heilsame Dunkelheit zuzulassen, Altes abschließen um Neues zu beginnen und sich auf das kommende Neue Jahr einzustimmen. Wofür ist man dankbar? Was möchte man verändern? Welche Vorhaben oder Projekte nimmt man nun mit? Der 21.12. ist der kürzeste Tag mit der längsten Nacht und ab dem 04. Januar geht die Sonnen wieder früher auf.

1 Lexikon für Traditionen, Begriffe & Hintergrundwissen

Haus und Hof von Geistern befreien

Um Böses abzuhalten, stellt man einen Besen in den Stall. Er vertreibt als Hexensymbol böse Geister genauso, wie ein in die Futterkrippe gelegtes Messer. Am Weihnachtsabend wird das Zimmer ausgekehrt. Damit kehrt man böse Geister, die sich in Zimmerecken verzogen haben, mit aus. Setzt man sich auf den zusammengekehrten Schmutz, kann man sich mit diesen Geistern unterhalten, gelingt dies, wird man zur Belohnung später reich.

Silvester, Neujahr und die Zeitzonen

Silvester ist im westlichen Kulturraum die Nacht vom 31.12. zum 1.1. eines Jahres (ab dem 15. Jh. deutschlandweit). Der Jahresbeginn wird laut mit Böllern und Raketen begrüßt, früher um

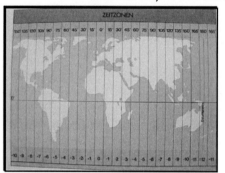

böse Geister zu vertreiben. Unsere Zeitberechnung wird in Greenwich (England) festgelegt. Davon weichen die globalen Weltzeiten ab. Sie richten sich nach den Längengraden mit durchschnittlich jeweils 15° Abständen. In 25 Zeitzonen gelten 39 verschiedene Ortszeiten. Es dauert 26 Stunden bis das Neue Jahr in allen Zeitzonen ankommt, beginnend rechts und endend links auf dem Globus. Im Judentum ist Rosch Haschana im September/Oktober, Diwali als indisches Lichterfest im Spätherbst, Chun Jie in China um den 20.01., denn sie richten sich nach dem Mondkalender. Im muslimischen Kalenderjahr ist das Jahr 11 Tage kürzer, dort gibt es auch kein Schaltjahr.

6. Januar: Die Heiligen Drei Könige

Sie läuten das Ende der Weihnachtszeit und die letzte Raunacht ein. Im 14. Jahrhundert symbolisierten die drei Könige die damals bekannten Erdteile Europa, Asien und Afrika. Die drei Weisen waren vermutlich Astronomen, die zwischen Euphrat und Tigris die Bahn des Halley'schen

Kometen entdeckten und ihm folgten. Im 3. Jahrhundert wurden sie erstmalig als die Könige Kaspar, Melchior und Balthasar erwähnt. Caspar, Melchior und Balthasar ziehen am 06. Januar singend von Haus zu Haus, erbitten für dieses Haus den Segen Gottes und sammeln Geld für die Kinder dieser Welt, die Hilfe benötigen. Am 06. Januar wurde dieses älteste Fest im Osten gefeiert und vor 1000 Jahren bei uns übernommen. Die orthodoxe Kirche feiert heute noch an diesem Tag ihr Weihnachtsfest. Das Erscheinungsfest Epiphanias lädt nach den zwölf dunklen Nächten der Weihnacht zur Besinnung ein. Dabei soll Gottes Geist die Menschen leiten. Gott „erscheint" uns und soll unser Handeln und Denken prägen. Nach den Heiligen Drei Königen wird in den meisten Familien der Weihnachtsbaum abgeschmückt. Unsere sternsingenden Kinder erfahren dabei praktische, hautnahe, lebendige Ökumene, unabhängig von Konfessionen. Hierbei stehen Afrika, Lateinamerika, Osteuropa oder Ozeanien im Zentrum und können besonders begleitet werden. Der Ursprung dieses besonderen Brauches liegt nun schon 200 Jahre zurück und stammt von einem Bischof in Frankreich, der dieses Missionshilfswerk „Kinder helfen Kinder" gründete. In Deutschland wurde diese Idee durch die Arzttochter Auguste von Sartorius in Aachen aufgegriffen, um Kinder in China zu unterstützen. 1848 gründete sie den „Verein der Heiligen Kindheit", die 1859 als kirchliche Einrichtung anerkannt wurde. Die erste offizielle Sternsinger-Aktion des Kindermissionshilfswerkes erfolgte im Februar 1959. Kinder in aller Welt haben ein Recht und Anspruch auf medizinische Grundversorgung, Gesundheit, Schule, Ernährung und sauberes Wasser, Prävention, Aufklärung oder Hygiene. Hilfe und unterstützende Begleitung sollen auch Kinder in besonderen Situationen und Not erhalten. Aids-Waisen, Straßenkinder, Kindersoldaten, Kinder in Kriegs- und Krisengebieten, in Flüchtlingslagern, auch Obdachlose und elternlose Kinder und Jugendliche, werden gezielt eingebunden.

Lexikon für Traditionen, Begriffe & Hintergrundwissen

Wer waren diese Heiligen Drei Könige?

Wer waren sie, woher kamen sie und was weiß man über sie? In der Bibel steht wenig darüber. Nur Markus erwähnt drei Männer, drei Weise, aus dem Morgenland, die das Jesuskind besuchten, um es anzubeten. Sie werden als kluge und gebildete Weise beschrieben. In Legenden und Sagen wird über sie berichtet. Sie sollen zu Bischöfen geweiht worden sein, starben rasch nacheinander und wurden gemeinsam begraben. Sie werden auch als Magier bezeichnet, da sie drei königliche Geschenke mitbrachten: Weihrauch, Myrrhe und Gold. Im 6. Jahrhundert wurden sie mit Namen versehen. Kaspar kommt aus dem Persischen und bedeutet „Schatzmeister". Melchior ist hebräisch und bedeutet „König des Lichtes" und der Name Balthasar weist zwei Bedeutungen auf: auf Hebräisch bedeutet er „Gott wird helfen" und auf Altsyrisch „Gott schütze den König". **Kaspar** wurde dem Kontinent Afrika zugeordnet, erhielt eine schwarze Hautfarbe, er überreicht Myrrhe, ein kostbares Baumharz, als Salbungsmittel für Könige und heilende Kraft hatte. **Melchior** wird Europa zugeordnet und bringt Gold mit. **Balthasar** erhält die Rolle eines asiatischen Königs, der Weihrauch, ein Baumharz aus Indien, bei sich führt.

Geschichte der Drei Könige

Zu jener Zeit gab es zwei Kalender, den gregorianischen und julianischen. Der 25. Dezember im julianischen Kalender fiel auf den 06. Januar, im gregorianischen Kalender als Jahresbeginn. Im 4. Jahrhundert ersetzte die Kirche das alte Jahreszeitenfest durch das christliche Fest Epiphanie, dem Erscheinungsfest. Seit diesem Zeitpunkt gedachte man der Heiligen Drei Könige, obwohl es eigentlich das Fest der Erscheinung Jesu ist. Es ist die weltgrößte Aktion von Kindern für Kinder und jedes Jahr beteiligen sich Hunderttausende Kinder und Jugendliche daran: Kaspar, Melchior und Balthasar sind Sternenträger und sie bringen den Segen in jedes Haus. Über der Tür schreiben sie mit Kreide die Buchstaben als Segensspruch: „C+M+B" für **C**hristus **M**ansionem  **B**enedicat, Christus segne dieses Haus. Die drei Kreuze zwischen den Buchstaben symbolisieren die Begriffe: Vater, Sohn und Heiliger Geist, die Dreieinigkeit Gottes.

Werden sie auch anderswo gefeiert?

Die Heiligen Drei Könige bringen in Spanien am 06. Januar die Weihnachtsgeschenke. Die Kinder schreiben an ihren „Lieblingskönig" ihren Wunschzettel und hoffen, dass die aufgestellten Stiefel gut gefüllt werden. Dieses Stiefelfüllen erfolgt bei uns traditionell am 06.12. dem Nikolaustag. In Teilen Frankreichs, der Schweiz, in England, Portugal, Österreich oder Mexiko wird am Dreikönigstag das Bohnenfest zelebriert: In einem gebackenen Kuchen versteckt sich eine Mandel oder Trockenpflaume, wer sie am Kaffeetisch erwischt, wird für einen Tag zum König in der Familie gekrönt.

Stern von Bethlehem

Über ihn gibt es zahlreiche Legenden und die Suche nach dem Ursprung ist fast so alt wie die christliche Religion. Im 2. Jahrhundert glaubten die Gelehrten und Forscher, man hätte einen Kometen über den Himmel ziehen sehen. Da man aber zur damaligen Zeit Kometen als Unglücksboten betrachtete, ist dies fraglich. Heutige Forscher gehen davon aus, dass damals Jupiter und Saturn am Himmelzelt schräg hintereinanderstanden und diese zu einem besonders hell strahlenden, großen Stern verschmolzen. Sie weisen darauf hin, dass dies vor Christi Geburt als Konstellation möglich war.

1 Lexikon für Traditionen, Begriffe & Hintergrundwissen

Zimmer-Ast Mobile

An einem kahlen verzweigten Ast, der an der Decke aufgehängt wird, werden kleine Bastelarbeiten der Kinder an goldenen Fäden aufgehängt. Gefaltete und gebastelte Sterne, vergoldete Nüsse, aufgebroche Nüsse zwischen deren Hälften ein Stern eingefügt wird, selbst gebastelte Watteschäfchen, kleine rote Äpfel mit Stiel, Weihnachtskringel, Schneeflocken aus Watte, aus Weihnachtsfolie geschnittene Wolken, Mond, Sterne oder aus Lärchenzapfen Weihnachtszwerge mit Wattekugelkopf und Zwergenmütze.

Scherenschnitte

Zuvor mit weißem Stift zeichnerischen Entwurf auf dem schwarzen Papier gestalten. Formen ausschneiden, mit Kleister auf der Rückseite bestreichen und Transparentpapierformen bekleben. So entsteht Schritt für Schritt ein besonderes Fensterbild. Vielleicht für die Eingangstür der Schule? Aufstellbare Transparente für den Tisch, Fensterbank, Boden gestalten und mit einer aufgestellten Kerze beleuchten.

Transparent-Kerzen-Glas

Schwarzes Papier 3-4mal aufeinanderlegen, auf oberstes Blatt Kerze aufzeichnen, mit der Schere Innenteil herausschneiden und mit Transparentpapier hinterkleben. In derselben Mehrfachschnitt-Technik Kerzenflammen und Kerzenkreise in zwei unterschiedlichen Größen anfertigen und aufeinander kleben. Kerzen mit Kleister am Glas ankleben, der Lichterkreis ragt dabei über den Glasrand hinaus

Rollen-Adventskalender-Kette

CD-Rand oder Untersetzer mit Klebstoff bestreichen, Folienpapier auflegen, festdrücken, umdrehen und Restpapier abschneiden. Rollen in derselben Technik beziehen, aufkleben und verzieren. Zahlen zwischen 2-24 aufkleben und Rollen mit in Servietten eingepacktem Geschenk bestücken. Gestaltete Rollen an 1-2 langen, breiten Bändern anordnen und festkleben. Kann über Jahre immer wieder neu gefüllt werden. Oben mit einer Schleife, Stern verzieren.

Lebkuchen-Adventszug

Aus gekauften oder selbst gebackenen Lebkuchen den Zug anfertigen. Süßigkeiten als Fenster mit Puderzucker Kleb gestalten. Goldtaler-Räder unterlegen, Schienenweg aus klein zugeschnittenen Marshmallows anfertigen. Lokomotive und 23 Wagen (oder je zwei Kinder teilen sich einen Waggon) herstellen und Verbindungen aus Paillettenband hinzufügen. Nummern können angebracht werden oder Zug vom letzten Waggon zur Lokomotive Schritt für Schritt aufessen.

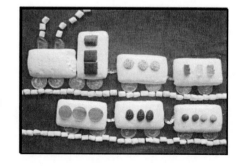

1 Lexikon für Traditionen, Begriffe & Hintergrundwissen

Weihnachtskugel-Gondel-Adventskette

Glaskugeln oben ein Aufhängeband durchziehen. Glaskugeln belassen, schmücken oder Aufhängeband mit Sternen verzieren. Verschlüsse, kleine Schachteln mit Nummern gestalten, füllen und mit festgeklebten Bändern an der Kugel befestigen. Tipp: Dazwischen Tannenzweige festbinden.

Weihnachtliche Brote gestalten

Brote mit Streichquark, Streichkäse, Streichwurst, Tomatenmark grundieren. Aus Paprika, Essiggurke, Oliven, Möhren, gekochtem Ei, Schinken und Käse einen Nikolaus, Schneemann oder Engel belegen und Brote fertig gestalten.

Weihnachtliche Brote

Lebkuchen Gesichter

Keks Kerzen

Lebkuchen-Gesichter

Runde Lebkuchen mit Nüssen, Gummibärchen und weiteren Leckereien zu Gesichtern umdeuten und Leckereien mit etwas Honig festkleben.

Keks-Kerzen

Lebkuchen mit Kekskerzen und Mandeldocht basteln und mithilfe von Puderzucker-Klebstoff garnieren.

Weihnachtskrippe in Butterfrucht

Fimo ist eine weiche Modelliermasse in leuchtenden Farben. Figuren bei Unter- und Oberhitze bei 110 °C etwa 30 Minuten im Backofen brennen. Alternativ: Knete herstellen. Die Figuren entstehen aus Kopfkugeln, Kegelkörper, Armrollen, Beinkugeln und glatten Flächen für Haare, Jacke, Mantel, Umhang. Grundformen Kopf und Körper gestalten, dann Attribute für Gesicht, Kopfbedeckung, Arme und Handkugeln anfügen. Mit Moos ausgepolsterte Herberge entsteht aus einer halben Kürbisbutterfrucht Schale. Tipp: Davor schauen Hirten, Besucher, Tiere, Kamel oder Heilige Drei Könige zu

Baumscheiben-Krippe

Eine Baumscheibe wird zur Herberge der Heiligenfamilie. Die Figuren entstehen aus bezogenen Halbkreisen, die zu Tüten zusammengeklebt werden. Die Arme entstehen in derselben Technik mit Kugelhänden. Holzkugel zum Kopf gestalten und aus Märchenwolle Haare und Bart für Josef dazugeben. Die Wiege entsteht aus einer Walnussschale. Moosboden, bei Bedarf Löcher in die Scheibe bohren, um Zweige, Äste als Bäume einzufügen.

Tipp: Hirten, Menschen, Tiere, Könige basteln und einen Weihnachtsweg gestalten.

1 Lexikon für Traditionen, Begriffe & Hintergrundwissen

Vom Schenken

Früher hatte das Schenken Symbolkraft. Vor der Reformation (920-1492 n.Chr.) schenkte der Dienstherr seinen Dienstboten Lebensmittel, damit sie mitfeiern konnten. Als Weihnachten zum Familienfest in den Mittelpunkt rückte, schenkten sich die Erwachsenen untereinander etwas. 1860 notierte eine bayrische Chronik, dass es am Heiligen Abend einen Gabentisch gab. Im frühen Mittelalter (350-920 n.Chr.) bekamen Kinder ein Geschenk zur Erinnerung an den Tag der unschuldigen Kinder (28. Dezember). Im 13. Jahrhundert gab es am Nikolaustag (6.12.) den „Beschenketag für Buben". Das Fest der heiligen Lucia (13.12.) wurde der „Beschenketag für Mädchen". Nach 1900 wurde in protestantischen Gegenden Kindergeschenke zu Nikolaus wieder eingeführt. Um 1930 bürgerte sich das Christkind, Weihnachtsmann und Nikolaus allmählich als Gabenbringer ein.

Was symbolisiert ein Geschenk?

Schenke von Herzen! Schenken baut Verständigungsbrücken und Wertschätzung auf oder festigt diese. Es sind nicht die großen Dinge, sondern die kleinen, oft wertfreien Dinge, denn in diesem Geschenk steckt ein Stück von sich selbst. Schenken ist Sprache ohne Worte. Schenken bedeuten, an jemanden zu denken, ihn wertzuschätzen, ihm Zuneigung, Achtung, Liebe zu zeigen, für andere da zu sein, sie einbeziehen, an sie denken, sie überraschen. Ein Besuch ist genauso ein Geschenk, wie etwas teilen, etwas hergeben, Zeit miteinander verbringen oder einer Geschichte lauschen. Eine Einladung aussprechen, miteinander singen, basteln, ein Lächeln verschenken. Dem anderen zuhören, seine Sorgen mit ihm teilen, ihn trösten, ermuntern oder bestätigen. Das wertvollste Geschenk ist, Zeit zu schenken und Zeit zu haben. Sie ist nicht käuflich, unsichtbar, man hört sie nicht, nimmt sie jedoch mit allen Sinnen wahr.

Wichteln, Sternengeschenke, Weihnachten im Schuhkarton

Wichteln: In der Klasse werden alle Schüler- und Lehrernamen auf Zettel notiert, in eine Schale gelegt und jeder zieht seinen Wichtel, welchen er mit kleinen, selbst gestalteten Dingen heimlich überrascht, ehe er sich am letzten Tag vor den Ferien mit einem Rätsel, Gedicht, Beschreibung zu erkennen gibt.

Sternengeschenke: Familien der Schulgemeinschaft, welche finanziell, sozial oder durch andere Glaubensrichtungen keine oder nur wenige Wünsche erfüllen können, dürfen sich für ihre Kinder auf einem zugeschnittenen gelben Stern etwas zu Weihnachten wünschen. Die Wertgrenze sollte nicht zu hoch angesetzt werden (15 €?). Klassengemeinschaften und Familien erfüllen diese Wünsche, geben sie verpackt z.B. im Schulsekretariat ab. Dort holen sich die Kinder ihr Geschenk am letzten Unterrichtstag ab.

Weihnachten im Schuhkarton veranstalten zahlreiche Hilfsorganisationen oder Familien um gefüllte Weihnachtskartons in Waisenhäusern, Altenheimen in Rumänien, Ukraine usw. hinzufahren und zu verschenken. Wir haben daran viele Jahre teilgenommen.

1 Lexikon für Traditionen, Begriffe & Hintergrundwissen

Das besondere Geschenk

Vor mehr als 2000 Jahren gab es ein besonderes Geschenk, im Stall von Bethlehem wurde Jesus Christus geboren. Dies war ein historischer Wendepunkt in der Menschheitsgeschichte. Seit dieser Geburt werden Jahreszahlen und Weltereignisse in die Zeit „vor/nach Christus" eingeteilt. Gott kam zu den Menschen, um ihnen nahe zu sein. Dieses erste Weihnachts-Geschenk in Bethlehem war das wertvollste und persönlichste, was Gott uns geben konnte. Unser „Fest der Liebe" ist nicht nur alte Tradition, die sich über Jahrtausende entwickelt hat, sondern gründet auf diesem Geschenk. „Denn Gott hat die Welt so sehr geliebt, dass er seinen einzigen Sohn gab, damit jeder, der an ihn glaubt, nicht verloren geht, sondern das ewige Leben hat (Joh. Evangelium, Kapitel 3 Vers 16).

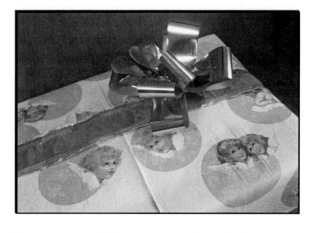

Vom Schenken und als dies verboten wurde

Einige vorchristliche Bräuche weisen darauf hin, dass Weihnachtsgeschenke einen Vorläufer haben. Im alten Rom beschenkten sich die Menschen am Neujahrstag und am Fest der Saturnalien. In unseren nordischen Ländern beschenkte man sich zur Wintersonnwendfeier, es waren Opfergaben für die Götter, damit diese die Sonne wieder steigen ließen und Wärme spendeten. Im frühen Mittelalter gab es in Klöstern und bei Fürsten eine Armenbescherung. Man verteilte nach dem Gottesdienst Brot, Backwerk, Wein und warme Bekleidung. Später begannen bürgerliche Familien ihr Gesinde, arme Verwandte und Kinder zu beschenken. Doch dann fand die Obrigkeit, dies sei eine Unsitte und verbot mit einer Verordnung das Schenken wieder. Wer sich nicht daran hielt wurden mit Geldstrafen oder Freiheitsstrafen bestraft! Nach der französischen Revolution wurde dieses Verbot aufgelockert und Weihnachtsgeschenke mit Nüssen, Lebkuchen und Äpfeln wurden etabliert und selbstgemachtes Spielzeug kam hinzu.

Die leere Krippe

Altes traditionelles „Spiel" am Fensterbrett oder auf dem Tisch. Dort steht ein selbstgebautes leeres Krippengestell. Täglich wird bewusst eine gute Tat vollbracht, danach legt das Kind einen Strohhalm in die leere Krippe. Bis Heiligabend ist das Christkind-Bett vorbereitet und das selbst gebastelte Christkind wird hineingelegt.

Tipp 1:
Jedes Kind der (Klein)Gruppe denkt sich ein/e Geschenke/Überraschung aus oder unterstützt/ hilft bewusst jemandem in der Klasse, Schule oder Nachbarschaft.

Tipp 2:
Eine leere Krippe steht am Fenster. Jeden Tag wird eine Kerze dazugestellt und ein Tannenzweig zum Weg ausgelegt. Täglich zum Unterrichtsschluss legt jedes Kind einen Strohhalm in die Krippe (oder etwas Heu). Am letzten Unterrichttag ist der Zweigenweg und die Weihnachtslichterstraße fertig und die Krippe ist gefüllt.

Tipp 3:
Bei diesem Ritual täglich einer kleinen Geschichte, Gedicht, Reim, Rätsel lauschen.

2 Andere Länder, andere Sitten (Berichte von Eltern)

- In **Finnland** ist Weihnachten auch ein Fest der Tiere. Sie erhalten besondere Leckerbissen. Den Vögeln werden volle Garben in den Garten gestellt. Der Julbock, ein Rentier aus Stroh, bringt mit seinen Gnomen die Geschenke. Vor der Bescherung gehen alle in die Sauna und danach genießt man den traditionellen Weihnachtsschinken. Der Weihnachtsmann kommt vom Polarkreis, mit seinen acht Rentieren und dem beladenen Schlitten.

- In **Norwegen** verteilen nordische Wichtel, die unsichtbaren Mitbewohner, die Geschenke. Sie werden mit Haferbrei, Reisbrei und Rosinen für das kommende Jahr besänftigt.

- In **Island** treiben 13 Trolle, die „Julemen" bereits 13 Tage vor Heiligabend Schabernack und beschenken dabei brave Kinder.

- In **Schweden** feiert man erst am Dreikönigstag mit Freunden. Der Lucia-Tag ist am 13. Dezember, der Tag dient der Erinnerung an die Sonnengöttin Lucia, die in einem langen weißen Kleid, mit einer Lichterkrone auf dem Kopf, gefolgt von jüngeren Kindern erscheint. Sie bringen den Eltern einen Teller Süßigkeiten ans Bett. Am Heilig Abend klopft der Weihnachtsmann an die Tür. Für ihn und die Wichtel stellt man in Schweden eine Schüssel Brei vor die Tür. Es gibt marinierte Heringe mit Beilagen und einen Reispudding.

- In **Dänemark** sind Julenisser auf den Straßen, ein Weihnachtsmann, der Süßigkeiten verteilt und Geld für bedürftige, kinderreiche Familien sammelt. Als Festessen wird Reispudding mit einer verborgenen Mandel serviert. Wer diese erwischt hat Glück im Neuen Jahr. Und eine Schüssel mit diesem köstlichen Brei wird auf dem Dachboden den „Nissen" den Kobolden, bereitgestellt.

- In **Frankreich** geht die ganze Familie um 24 Uhr zur Mitternachtsmesse in die Kirche, im Anschluss wird Weihnachten mit einem Festessen und Tanz begangen. Am 25. Dezember füllt „Pere Noel" die Schuhe der Kinder und stellt sie unter „Sapin de Noel".

- In **Polen** wird an Heilig Abend die „Wigilia" als eines der 12 Gerichte ohne Fleisch serviert, denn offiziell ist der 24. Dezember ein Fastentag. Viele Familien legen noch ein weiteres Gedeck auf, falls ein Überraschungsgast kommt. Der Legende nach können in der Weihnachtsnacht Tiere sprechen. Vom traditionellen Karpfenessen steckt man sich eine Schuppe in den Geldbeutel, damit das Geld nie ausgeht.

- In den **Niederlanden** besucht, Sinterklaas mit seinen Helfern, den „Zwarten Pieten" ab Mitte November in einem prächtig geschmückten Dampfschiff die Kinder. Der Höhepunkt ist „Pakjesavond" am 05. Dezember, dann werden Geschenke ausgetauscht.

- In **England** wird am Morgen nach dem Heiligen Abend gefeiert. Der Weihnachtsmann rutscht durch den offenen Kamin und packt die Geschenke in aufgehängte Strümpfe. Große Geschenke steckt er in einen Kopfkissenbezug. Mistel- oder Stechpalmenzweige ersetzen den Weihnachtsbaum. Alle Weihnachtskarten werden über der Tür oder an einer Wand befestigt.

- In **Griechenland** ziehen die Kinder von Haus zu Haus und sammeln Feigen, Rosinen und Gebäck. Statt des Weihnachtbaumes leuchten mit Lichterketten geschmückte Schiffchen in Haus und Garten. Die Geschenke liegen in der Neujahrsnacht unter dem Bett.

2 Andere Länder, andere Sitten (Berichte von Eltern)

- In **Spanien** beginnen nach mehreren Kirchgängen die Feierlichkeiten im Familienkreis. Geschenke gibt es am Dreikönigstag. Das wichtigste Weihnachtsritual ist die Ziehung der Glückszahlen bei der weltgrößten Weihnachtslotterie, der „loteria de navidad", am 22. Dezember.

- In **Portugal** beginnt der Heilig Abend mit dem Weihnachtsgottesdienst, danach wird ein gefällter Baumstamm angezündet. Die Menschen setzen sich darum, es ertönt Musik und die Kinder singen Hirtenlieder. Daheim versammelt sich die Familie um die aufgebaute Krippe. Geschenke auspacken und ein Festessen gehören ebenfalls dazu.

- In **Italien** feiert man Weihnachten um eine alte Krippe mit Hand geschnitzten Figuren. Die Kinder beichten in einem Brief den Eltern alle „bösen Taten" und legen diesen unter den Teller der Eltern. Geschenke bringt in der Nacht zum 06. Dezember, in einem Strumpf platziert, die fliegende, hässliche Hexe Befana. Geschenke werden in der Nacht zum 25. Dezember ans Bett gelegt.

- In **Bulgarien** endet die Fastenzeit am Heilig Abend mit einer ungeraden Anzahl an traditionellen, fleischlosen Gerichten, wie Paprika mit Reisfüllung, gefüllte Weinblätter oder Kohlrouladen. Nach dem Festessen wird der Tisch nicht abgeräumt, damit werden die Verstorbenen zum Essen eingeladen

- In **Rumänien** wird in der Adventszeit ein Schwein geschlachtet und es wird an Weihnachten gedacht. Die Kinder ziehen, Weihnachtslieder singend, von Haus zu Haus und werden mit Süßigkeiten oder Geld belohnt.

- In **Tschechien** wird eine alte böhmische Tradition zelebriert. Um die Zukunft vorher zu sagen, wird ein quer aufgeschnittener Apfel ausgelegt. Zeigt sein Kernhaus eine Sternform, bedeutet dies Glück und Gesundheit, die Kreuzform symbolisiert Unglück.

- In der **Slowakei** wird traditionell ein bescheidenes Essen an Weihnachten zubereitet. Es gibt die berühmte Krautsuppe „Kapustnica".

- In den **USA** gibt es viele Weihnachtsbräuche, je nach Volkszugehörigkeit. Das Weihnachtsfest ist fröhlich, mit Luftballons, Feuerwerk und Papierschlangen. Der Weihnachtsbaum steht in jedem Haus. Geschenke kommen in der Nacht zum 25. Dezember durch die Luft, Santa Claus fährt mit seinem von acht Rentieren gezogenen Schlitten über den Himmel, rutscht durch den Kamin und füllt die „christmas stockings" mit Geschenken.

- In **Brasilien** beginnt Weihnachten bereits am Nachmittag, denn es ist dort heiß. Das Fest ist fröhlich, laut und man begeht es mit Freunden und Bekannten im großen Familienkreis. Am Plastikbaum leuchten elektrische Kerzen. Abends tanzt man festlich gekleidet im Freien.

- In **Mexiko** wird ein großes Familienfest gefeiert. Alle kommen angereist. Durch die Straßen ziehen turbulente, farbenfrohe Umzüge, die „posadas", sie spielen die Herbergssuche der Heiligen Familie nach. Die Weihnachtsmesse beginnt mit einem Blumentanz ehe vor der aufgebauten Krippe das Christfest gefeiert wird. Die Kinder zerschlagen neun von der Decke hängende, sternförmige Gefäße, die Pinatas, und Süßigkeiten und kleine Überraschungen prasseln auf die Kinder herunter.

2 Andere Länder, andere Sitten (Berichte von Eltern)

- In **Russland** feiert man (13 Tage später als in Deutschland) das russisch-orthodoxe Weihnachtsfest am 7. Januar. Erst seit 1991, nach dem Zusammenbruch der Sowjetunion, wird dieses religiöse Fest wieder öffentlich gefeiert. In der Nacht zum 7. Januar weist eine Lichterprozession auf das Ende der 40-tägigen Fastenzeit mit einem Festessen hin. Geschenke bringt Väterchen Frost am 31. Dezember.

- In **Namibia** zieren Dornbüsche das Haus. Viele Familien verreisen, denn Weihnachten fällt mitten in die heißen Sommerferien. Beim Stamm der Hereros wird ein Ochsen- oder Ziegenfell eines frisch geschlachteten Tieres mit der Haaroberfläche nach unten vor einem Feuer ausgebreitet. Die Männer trampeln darauf herum. Dies soll Glück bringen.

- In **Neuseeland** liegt Weihnachten mitten im heißen Sommer. Dennoch schwitzt der Weihnachtsmann in seinem rot-weißen Pelzgewand nicht und er fährt traditionsgemäß im Schlitten vor! Man genießt das typisch britische Truthahn Festessen bei einem Picknick am Strand.

- In **Süd-Indien** sind etwa 2% der Einheimischen katholische Christen. Das Weihnachtsessen besteht aus Fischcurry mit Reis, zum Nachtisch gibt es Kuchen. Auch hier wird das international bekannte Lied „Stille Nacht, heilige Nacht" auf indisch gesungen. Über dem Hauseingang leuchten riesengroße bunte Papiersterne.

- Im Inselreich der **Philippinen** sind etwa 90% der Menschen Christen. Dort dauert die Weihnachtszeit besonders lang, nämlich vom 16. bis 24.12. Wer täglich zur Frühmesse geht und dort der Botschaft lauscht, hat einen Wunsch frei, der dann auch in Erfüllung geht. Nach der Mitternachtsmesse an Heiligabend werden Käsebällchen und Schinken angeboten

- In **Liberia** werden die Ölpalmen mit Glocken dekoriert. In einigen Gegenden wird um diese „Weihnachtsbäume" ein Feuerwerk entzündet.

- In **Südafrika** strömen am 2. Weihnachtsfeiertag alle Familien zum Strand, um dort zu grillen und das Weihnachts-Picknick zu genießen. In den Armenvierteln wird ein Schaf als Luxusessen geschlachtet. Wer sehr arm ist genießt ein geschlachtetes Huhn.

- **Äthiopien** feiert Weihnachten in der Nacht vom 06.auf den 07. Dezember. Alle Menschen sind weiß gekleidet und der Gottesdienst geht über mehrere Stunden. Das Fest beendet die Fastenzeit mit einem reichhaltigen Angebot an Fleisch und scharfen Gewürzen.

- In **Island** beschenken dreizehn Trolle die Kinder. Diese Weihnachtszwerge hausen in den Bergen und vom 12.-24. Dezember erscheint täglich ein anderer Weihnachtstroll, denn der isländische Adventskalender besitzt nur 13 Türchen.

- In **Australien** ist es im Norden des Landes sehr kalt, im Süden jedoch kuschelig warm. Mit Truthahn und Plumpudding feiert man deshalb das Weihnachtsfest am Strand.

- Das hinduistisches **Di Wali Lichterfest** am 03.11. entspricht unserem Weihnachtsfest.

3 Legenden und Erzählungen zur Winter- & Weihnachtszeit

Die Legende von der Christrose

Und als der Engel den Hirten die große Freude, die allem Volk widerfahren soll, verkündete, beschlossen die Hirten auf dem Felde, das neugeborene Kind zu besuchen. In dieser seltsamen Nacht war alles anders als in anderen Nächten und sie spürten, dass sie in dieser ganz besonderen Nacht ihre Schafe den Hunden anvertrauen konnten. In Eile packte jeder der Hirten etwas in sein Bündel, das sie dem Kind schenken wollten. Jeder Hirte hatte etwas gefunden, nur der kleine Hirtenjunge fand nichts, so sehr er auch überlegte und suchte. Er hatte kein Geschenk, das fand er schrecklich. „Beeile dich", riefen ihm die anderen Hirten zu. „Komm mit, auch wenn du kein Geschenk hast. Wir haben doch Geschenke, die reichen für alle." Doch der kleine Hirte wollte selbst ein Geschenk mitnehmen. „Komm jetzt endlich, wir wollen nach Bethlehem gehen." Der kleine Hirte war untröstlich, kniete sich auf die Erde und begann heimlich und leise zu weinen. Eine Träne fiel dabei auf den kalten Erdboden genau vor seine Knie. Und wie durch ein Wunder öffnet sich die Erde und eine kleine Blume begann zu wachsen. Sie wuchs vor den weit aufgerissenen erstaunten Augen des kleinen Hirten in minutenschnelle. Fünf weiße, zarte Blütenblätter öffneten sich und umkränzten die Blütenmitte wie eine kostbare Rose. Die goldenen Staubgefäße öffneten sich zu einer goldenen Krone. „Ich komme ja schon", jubelte der kleine Hirtenjunge und eilte den vorausgegangenen Hirten mit seiner kostbaren Blume hinterher. Als sie den Stall erreichten, drückte der kleine Hirte dem Jesuskind seine zarte weiße Blume in die Hand und genau in diesem Augenblick öffnete das Kind seine Augen und lächelte ihn an. Dieses Lächeln des Kindes konnte der kleine Hirtenjunge nicht mehr vergessen. Und er wusste: Wo Gott die Erde berührt, wird diese Blume blühen und er nannte sie Christrose. So wie die Menschen durch die Geburt Jesu neue Hoffnung erhielten, erinnert uns die Christrose nicht nur an das Lächeln des Kindes, sondern sagt uns, dass wir Frieden stiften und Freude schenken sollen, denn Jesus ist wie die Christrose in kalter Zeit auf die Erde gekommen und gibt uns Hoffnung.

Legende von der Silberdistel

Als Gott die Welt erschuf, machte er auch Bäume, Gräser und Blumen. Jeder durfte seine Vorstellungen äußern und Gott versuchte, die Wünsche zu beachten und gestaltete die Pflanzen. Eine Blume wollte besonders groß werden, wie die Sonnenblumen. Andere wollten herrlich duften wie der Flieder oder das Maiglöckchen. Wieder andere wollten rote, blaue oder gelbe Blütenkränze. „Und wie möchtest du denn aussehen?" fragte der Schöpfer eine kleine, unscheinbare Pflanze. „Wie groß willst du werden und welche Farbe würde dir gut gefallen?" Die kleine Pflanze antwortet bescheiden: „Gerne würde ich dicht über dem Boden wachsen und ein Stachelkleid tragen. Mein größter Wunsch wäre aber, dass meine Blüten solange erhalten bleiben, bis das Christkind geboren wird."

Da lächelte Gott die kleine Pflanze an, beugte sich zu ihr herab und erfüllte ihren sehnlichsten Wunsch. Und seit dieser Zeit wächst unscheinbar dicht über der Erde die Silberdistel mit ihrem stacheligen Blütenkranz, wie ein silberner Stern am Himmel. Und wenn sie im Sommer blüht, bleibt sie bis Weihnachten erhalten, um das Christkind zu erfreuen.

3 Legenden und Erzählungen zur Winter- & Weihnachtszeit

Seltsame Begegnung (nach Leo Tolstoi, 1828-1910)

Leo Tolstoi war ein religiöser, sozialkritischer russischer Dichter. Seine bedeutendsten und bekanntesten Romane sind: Krieg und Frieden, Anna Karenina, Auferstehung.

Ein sechsjähriger Junge und ein fünfjähriges Mädchen fuhren in einer Kutsche in das Nachbardorf. Sie waren keine Geschwister, sondern Cousin und Cousine und ihre Mütter waren Schwestern. Die Mütter waren bei Freunden zu Gast geblieben und die Kinder fuhren mit der Kinderfrau nach Hause zurück. Doch da brach ein Rad und der Kutscher rief: „Brr, haltet an ihr Pferde. Das Rad muss gerichtet werden." Das Kindermädchen war über die Rast froh. „Das trifft sich gut. Wir sind so lange gefahren, dass die Kinderchen hungrig geworden sind. Ich werde ihnen Brot und Milch geben, die wir dabei haben." Sie stiegen aus und gingen auf die erste Bauernhütte zu. Die Stube war schwarz, der Ofen besaß keinen Abzug nach draußen. Die Leute ließen die Tür offenstehen, bis der Rauch verzogen war und der Ofen heiß wurde. Sonja und Petja hießen die beiden Kinder und sie sahen zwei gleichaltrige Kinder, barfuß, nur wenig bekleidet. Auf der Ofenbank lag ein etwa einjähriges Kind und weinte herzzerreißend. Die Mutter versuchte es gerade zu beruhigen, als die Reisenden eintraten. Die Kinderfrau öffnete die Tasche mit dem blinkenden Schloss und bereitete die Mahlzeit zu. Die Bauernkinder starrten die Gäste an. Und Sonja und Petja starrten die halbnackten Bauernkinder an. Solche armen Kinder hatten sie zuvor noch nie gesehen. „Warum schreit denn die Kleine so schrecklich?" fragte Sonja. Und die Mutter antwortet leise: „Sie hat Hunger und ich habe nichts, was ich ihr zum Essen geben könnte." Inzwischen hatte das Kindermädchen Niana das Essen für die Kinder vorbereitet. Sonja fragte Niana: „Ist das wahr, dass die nichts zum Essen haben?" Und Niana antwortete ungerührt: „Was geht es uns an? Kommt her und trinkt eure Milch". Doch Sonja und Petja antworteten: „Gib dem kleinen Kind meine Milch. Ich will nichts haben, bevor das Kind satt ist!" Doch Niana antwortete barsch: „Nicht alle Menschen sind gleich. Gott gibt den einen viel, den anderen wenig. Das ist so." Die Bauersfrau gab dem Kind die angebotene warme Milch und das Kind beruhigte sich. Aber Sonja und Petja beruhigten sich nicht und ließen das Essen auf dem Tisch unberührt stehen. „Warum

lässt Gott das zu, warum will Gott das so? Das ist ein böser Gott, ein hässlicher Gott und ich werde nie wieder zu ihm beten.", rief Sonja. Jetzt wurde Niana aber wütend: „Ich werde dies eurem Vater berichten!" Und Petja sagte: „Das darf nicht sein. Die einen haben viel und die anderen gar nichts! Hat Gott das absichtlich so gemacht?" Und Sonja rief außer sich: „Wenn das wirklich so ist, ist dies ein schlimmer Gott. Ich liebe ihn nicht mehr!" Plötzlich ertönte vom Ofen herab eine heisere vom Husten unterbrochene Stimme: „Kinderchen, was redet ihr für einen Unsinn?" Dann unterbrach ein neuer Hustenanfall den Sprechenden. Erschrocken starrten die Kinder zum Ofen hinauf und erblickten dort ein runzeliges Gesicht und einen grauen Kopf, der sich vom Ofen herab neigte: „Gott ist nicht böse. Gott ist gut. Er hat alle Menschen lieb. Es ist nicht sein Wille, dass die einen Kuchen essen, während die anderen nicht einmal Brot haben. Nein, die Menschen haben es so eingerichtet. Und sie haben es darum getan, weil sie ihn vergessen haben." Die Alte hustete erneut: „Sie haben ihn vergessen und es so eingerichtet, dass die einen im Überfluss leben und die anderen in Not und Elend vergehen. Würden die Menschen nach Gottes Willen leben, dann hätten alle, was sie nötig haben." Sonja schaute zu der alten Frau hoch: „Was soll man tun?" Und die Frau wisperte: „Man soll Gottes Wort befolgen. Gott sagt, man solle alles in zwei Teile teilen." „Wenn ich groß bin", antworteten Sonja und Petja fest, „werde ich das tun. Wir werden es so machen, dass es keine Armen mehr gibt. Wenn wir erwachsen sind, machen wir das so. Ganz bestimmt." Die alte Frau verzog ihren zahnlosen Mund zu einem breiten Lachen: „Ich werde das leider nicht mehr erleben. Aber ihr habt einen wackeren Entschluss gefasst. Gott helfe euch." Sonja antwortete: „Mag man mit uns machen, was man will, wir tun es." Petja bekräftigte: „Wir tun es doch!" Die Alte sprach lächeln und hustete dabei: „Das ist recht, das ist recht. Ich werde mich dort oben im Himmel über euch freuen. Seht nur zu, dass ihr das nicht vergesst!" Und Sonja und Petja antworteten: „Nein, wir vergessen das nicht. Das ist doch abgemacht!" Da kehrte der Kutscher zurück. Das Rad war gerichtet. Er setzte es an der Kutsche wieder ein. Die Kinder und Niana verließen das Bauernhaus. Was aber weiter sein wird, werden wir ja sehen.

3 Legenden und Erzählungen zur Winter- & Weihnachtszeit

Die Sterndeuter

In dieser Nacht konnte man wieder die Sterne am Himmel glitzern und funkeln sehen. Die Sterndeuter standen, wie bei jeder sternklaren Nacht, auf ihren Beobachtungsposten und schauten zum Himmel. Sie kannten die Wege der Sterne ganz genau und wussten fast alles über sie. In dieser Nacht war aber alles anders. Am Himmel erschien dieser besondere Stern, auf den die Sterndeuter sehnsüchtig gewartet haben. Sie hatten ihn noch nie gesehen aber errechnet, dass er nach fast dreihundert Jahren erscheinen würde. Da war er, groß und leuchtend. „Schaut, da steht der Stern mitten am Himmel", rief einer freudig aus. „Wenn dieser Stern erstrahlt, teilt er uns eine wichtige Botschaft mit", meinte der zweite. „Er sagt uns, dass ein neuer Herrscher geboren wurde.", murmelte etwas undeutlich noch ein Sterndeuter. „In unseren Büchern steht geschrieben, dass dies ein besonderer König sein wird und er wird im Lande der Juden das Licht der Welt erblicken. Er wird ein guter König für alle Menschen sein.", bekräftigte ein anderer. Sie konnten sich an dem Stern kaum satt sehen. „Also, wenn ihr dorthin wollt, sollten wir unsere Kamele satteln und uns auf den langen weiten Weg machen." Einer drehte sich um und rief: „Und nehmt genügend Proviant und Wasser mit. Der Weg ist weit!" Sie wussten, dass es eine lange Reise in das Land der Juden werden würde. „Das macht nichts", meinten sie aufgeregt: "Es ist wichtig, dass wir dieses Kind finden und ihm unsere Ehre erweisen." Also sattelten sie ihre Kamele, bepackten sie mit allem was sie benötigten und nahmen Gold, Weihrauch und Myrrhe mit, die würdigen Geschenke für einen König. Und dann ritten sie los. „Lasst uns nach Jerusalem reiten, dort statten wir dem König Herodes einen Besuch ab, denn das Kind wird sicher dort im Palast geboren worden sein. Wo sonst?" Als die Sterndeuter die große Stadt Jerusalem erreichten, ritten sie zum Königspalast. „Wo wollt ihr hin?" riefen die Palastwachen. „Wir ritten vom Osten hierher, denn wir haben einen Stern gesehen und wollen dem Kind unsere Geschenke bringen." Die hohen, weitgereisten Fremden wurden vor den Thron des Herodes geführt. Er hörte sich die Geschichte neugierig und angespannt an: „Ein neugeborenes Kind? Hier bei uns? Der König der Juden? Macht euch auf den Weg und sucht dieses Kind. Und wenn ihr es gefunden habt, kehrt in diesen Palast zurück und berichtet." Als die Gäste gingen rief er zornig aus: „König bin ich, ich allein und niemand soll es wagen, mir mein Königreich streitig zu machen!" Natürlich hatte Herodes früher einmal vernommen, dass irgendwann irgendwo einmal ein besonderer König geboren würde. Er soll den Menschen Frieden und Freiheit bringen! Als ihm dies wieder einfiel, ließ er sofort seine Gelehrten rufen: „Was steht in den heiligen Büchern der Juden geschrieben über diesen König, der da geboren würde?" Die Gelehrten sprachen: „Das Kind wird in Bethlehem geboren werden". Die Sterndeuter hatten sich etwas ausgeruht und ritten alsbald aus der Stadt Jerusalem hinaus in Richtung Bethlehem. Und da es wieder Nacht war, leuchtete der Stern. „Da ist ja unser wundersamer, neuer, großer Stern" riefen sie hocherfreut, „wir folgen ihm einfach." Sie waren sich gewiss, dass es ihr Stern war, der ihnen den richtigen Weg weisen würde. Sie ritten lange. Plötzlich bewegte sich der Stern nicht mehr, er blieb wie angewurzelt stehen. Die

Weisen aus dem Morgenland suchten mit den Augen in der Dunkelheit die Gegend ab. „Ich sehe hier weder einen Palast noch ein hochherrschaftliches Haus!" rief einer. „Ich sehe nur eine bescheidene Hütte.", meinte der andere. „Kommt, lasst uns absteigen und hineintreten. Der Stern hat uns hierhergeführt.", forderte der Dritte auf. Also gingen die Kamele in die Knie und ließen die Gelehrten absteigen. Sie nahmen die Geschenke aus den Satteltaschen, klopften an und öffneten die Tür. Dort fanden sie das Jesuskind mit Maria, seiner Mutter und Josef seinem Vater. Sie waren glücklich, endlich hatten sie das Ziel ihrer ach so weiten Reise erreicht. Maria und Josef staunten. So hohe Herren kamen von so weit her, um ihr Kind zu begrüßen? Und die weisen Männer knieten nieder, legten die königlichen Geschenke ab und beteten.

3 Legenden und Erzählungen zur Winter- & Weihnachtszeit

Diese Geschenke waren ein Zeichen der Würde für einen neuen König und zeigten Maria und Josef, wie wichtig den hohen Gästen dieses Kind war. In dieser Nacht erschien den Sterndeutern ein Engel im Traum: „Geht nicht zurück nach Jerusalem zu König Herodes. Er ist in seinem Herzen böse und trachtet nach dem Leben des Kindes." Da zogen die Weisen aus dem Morgenland auf einem anderen Weg zurück in ihre Heimat. Sicher standen sie wieder nachts auf ihren Beobachtungsposten und beobachten wieder die Sterne. Doch dieser große, besondere Stern begegnet ihnen in ihrem ganzen Leben nicht wieder. Und sie waren glücklich, ihm begegnet zu sein, waren ihm gefolgt und hatten das Kind gefunden.

Sternsinger in der Einrichtung

Nicht allen Kindern und Familien ist dieser Brauch bekannt und so haben wir beschlossen, eine Sternsinger-Gruppe zu uns in die Klasse (Schule) einzuladen, um sie auszufragen und hautnah kennenzulernen. Ein wichtiger und beeindruckender Unterrichtsbesuch.

Sternsinger ziehen, nach der Aussendung in der Kirche, in Gruppen durch unsere Straßen und gehen von Haus zu Haus. Die Sternsinger erbitten Geldspenden unter einem deutschlandweiten gemeinsamen Motto. Bekleidet mit prächtigen Gewändern und Kopfschmuck, wird die Geschichte von Generation zu Generation weitergegeben. Eine Aktion der katholischen Kirche, es dürfen Kinder anderer Religionsgemeinschaften ebenfalls teilnehmen. Sie präsentieren ihre Sprüche und Lieder, gehen von Haus zu Haus unter Begleitung von ehrenamtlichen Erwachsenen, sammeln Geld und erhalten auch Süßigkeiten.

Tipp: Zur Legende, Geschichten, biblischen Texten oder Liedern einzelne Szenen im Kunstunterricht zeichnen, malen, gestalten, modellieren. Als Wandbild, Wandfries, Leporello, 3D Kunstaktion zur Tischdekoration im Flur, Eingangsbereich, Zimmer gemeinsam gestalten.

Elterngedanken zu Weihnachten

Bethlehem

Wenn man absieht von allem, was die fromme Legende hinzu tat, Ochs, Esel, Hirten auf dem Felde. Engel, Stern, die Heiligen drei Könige, Jungfräulichkeit und Theologie ..., bleibt ein Ereignis, das in der Dritten Welt alle Tage vorkommt: Irgendwo zwischen Delhi und Benares, zwischen Bahai und Santiago, zwischen Saigon und Danang. Ohne ärztlichen Beistand, unterernährt, nicht sesshaft und kaum, dass auf den Mann Verlass ist, bringt eine Frau ihr Kind zur Welt. Das lebt entweder oder stirbt mit der Mutter noch im Kindbett. Es siecht dahin, verendet am Hunger oder an der Schwindsucht. Von Zeit zu Zeit hat so ein Wurm Glück, es lernt Krankenhaus und Schule kennen und bekommt Nahrung. Dann verkünden die Weisen aus dem Morgenland: Ein Mensch ist Mensch geworden. Ziemlich sicher, dass er, sollte er Ansprüche geltend machen, bald mit den Mächtigen in Konflikt gerät. Man wird ihn erledigen. Wagemutige werden ihn als Märtyrer feiern. Die Mörder werden seine Lebensgeschichte ausschmücken bis sie wohnlicher geworden ist und weihnachtlich.

Weihnachten

Weihnachten hat vor allem etwas mit Kindern zu tun. Mit dem Kind in der Krippe, mit unseren Kindern. Mit dem Kind in uns. Weihnachten hat vor allem etwas mit Liebe zu tun. Mit Güte und Vertrauen, mit Verständnis und Zärtlichkeit. Mit geöffneten Armen.

Weihnachten hat vor allem etwas mit Neuanfang zu tun. Mit unseren eigenen kleinen Schritten, heraus aus der Erstarrung, hin zum Licht.

3 Legenden und Erzählungen zur Winter- & Weihnachtszeit

Dezember in Bethlehem vor 2000 Jahren
Weihnachtsgeschichte Lukasevangelium: Lukas 2 / 1-20

„Und es begab sich aber zu der Zeit, dass ein Gebot von Kaiser Augustus ausging, dass alle Welt geschätzt würde. Und diese Schätzung war die Allererste und geschah zu der Zeit, da Cyrenius Landpfleger in Syrien war. Und jedermann ging, dass er sich schätzen ließe, ein jeglicher in seine Stadt. Da machte sich auch Joseph aus der Stadt Nazareth auf, in das jüdische Land, zur Stadt Davids, die da heißt Bethlehem, darum dass er von dem Hause und Geschlecht Davids war; auf dass er sich schätzen ließe mit Maria, seinem vertrauten Weibe, die war schwanger. Und als sie daselbst waren, kam die Zeit, dass sie gebären sollte und sie gebar ihren ersten Sohn und wickelte ihn in Windeln und legte ihn in eine Krippe, denn sie hatten sonst keinen Raum in der Herberge. Und es waren Hirten in derselben Gegend auf dem Felde bei den Hürden, die hüteten des Nachts ihre Herde. Und siehe, des Herrn Engel trat zu ihnen und die Klarheit des Herrn leuchtete um sie und sie fürchteten sich sehr: Und der Engel sprach zu ihnen: „Fürchtet euch nicht. Siehe, ich verkündige euch große Freude, die allem Volk widerfahren wird; denn euch ist heute der Heiland geboren, welcher ist  Christus, der Herr, in der Stadt Davids. Und das habt zum Zeichen, ihr werdet finden das Kind in Windeln gewickelt und in einer Krippe liegen." Und alsbald war da bei dem Engel die Menge der himmlischen Heerscharen, die lobten Gott und sprachen: „Ehre sei Gott in der Höhe, und Frieden auf Erden, und den Menschen ein Wohlgefallen." Und da die Engel von ihnen gen Himmel fuhren, sprachen die Hirten untereinander: „Lasst uns nun gehen gen Bethlehem, und die Geschichte sehen, die da geschehen ist, die uns der Herr kundgetan hat." Und sie kamen eilends und fanden beide, Maria und Joseph, dazu das Kind in der Krippe liegen. Da sie es aber gesehen hatten, breiteten sie das Wort aus, welches zu ihnen von diesem Kind gesagt war: Und alle, vor die es kam, wunderten sich der Rede, die ihnen die Hirten gesagt hatten. Maria aber behielt alle Worte und bewegte sie in ihrem Herzen. Und die Hirten kehrten wieder um, priesen und lobten Gott um alles, was sie gehört und gesehen hatten, wie denn zu ihnen gesagt war".

Wer war Lukas?

Lukas war Grieche und begleitete Paulus auf seiner Missionsreise. Er war Arzt, verfasste das 3. Evangelium und die Apostelgeschichten im Neuen Testament. Er starb sehr alt, vermutlich in Griechenland. Das Lukasevangelium wurde in gutem Griechisch verfasst, vermutlich um das Jahr 80. Lukas kannte Jesu nicht persönlich und war nie in Palästina. Er schrieb das Lukasevangelium etwa 40 Jahre nach Jesu Tod und stützte sich in seinen nicht historischen Berichten auf das Markusevangelium. Für Lukas war Jesu ein Freund und Helfer der Heiden. Die meisten Juden hatten die Unterdrückung durch die Römer satt. Zu jener Zeit war für viele Juden Jesus noch eine unwichtige Person, denn es gab noch einen Namensvetter, einen zweiten Jesu. Jesus bar Kochba! Der zettelte einen Aufstand an und die Römer wurden zunächst vertrieben. Als sie zurückkehrten, zerstörten sie Jerusalem und trieben die Juden auseinander, rieben das Volk auf und verstreuten sie in alle Welt. Einigen dieser Vertriebenen begegnete Lukas und er wurde Christ. So begann er, alles zu sammeln, was er über Jesu erfahren konnte und recherchierte über Jesus Geburt. Der herrschende Kaiser jedoch wollte niemand neben sich dulden. Nur wer ihn als Gottheit anerkannte, entging der Christenverfolgung. Die Menschen mussten die drei Kaisertitel uneingeschränkt anerkennen: Heiland, Retter und Gesalbter. Und deshalb nahm Lukas in der Geburtsgeschichte diese drei Titel auf: „Fürchtet euch nicht", sprach der Engel „denn euch ist heute der **Heiland** geboren, welcher ist **Christus**, der **Herr** in der Stadt Davids." Die Geschichte dieses Jesuskindes verbreitete sich wie ein Lauffeuer unter den Christen, richtete sie auf und machte ihnen Mut. Ein kleines Kind besiegte einen herrschenden Kaiser.

Lukas gilt als Patron der Ärzte, Maler und Künstler und die katholische Kirche feiert Lukas am 18. Oktober.

3 Legenden und Erzählungen zur Winter- & Weihnachtszeit

Wer war Matthäus?

Matthäus war einer der 12 Apostel Jesu und einer der vier Evangelisten im Neuen Testament. Als Zöllner war er, wie die Hirten, unrein und wurde auf Grund seines Berufsstandes als Zöllner Levi verachtet. Er tat tiefgreifende Buße, veränderte sein Leben und folgte Jesu. Sein Gedenktag als katholischer Heiliger ist der 21. September.

Lukas und Matthäus im Vergleich

Beide Geschichten sind kombiniert und deshalb miteinander verwoben. In beiden wird über Maria, Josef und das Kind berichtet. Bei Lukas kommen die Hirten auf dem Feld, der Verkündigungsengel und die himmlischen Heerscharen hinzu, sowie die historischen Figuren des römischen Kaiser Augustus und dessen Prokurator von Syrien, Cyrenius (Quirinius).

Matthäus berichtet zusätzlich über den Stern, der über dem Stall in Bethlehem leuchtete und den Magiern aus dem Morgenland. Der Stern führte sie nach Bethlehem. (Luther übersetzt den Begriff Magier in „Weise".) Matthäus beruft sich auf die historische Figur des Herodes. Sein Ziel war es, diese Weihnachtsbotschaft für die ganze Welt aufzuschreiben. Die ersten Gäste in der Herberge waren Ausländer. Gold symbolisierte die Macht des Herrschers, die auf Liebe und Gewaltlosigkeit beruht. Weihrauch war ein heiliges Räucherwerk der Priester, die Gebete stiegen mit dem Weihrauch zu Gott auf. Aus Myrrhe wurde Öl gewonnen, die Pflanze galt als Gabe der Brüderlichkeit für den, der das Leid auf sich nimmt. Magdalena salbte Jesu nach seinem Tod damit ein, wie man es bei Königen tat.

Bedeutung weiterer Begriffe der Weihnachtsgeschichte

Sterne

Sie haben bis heute eine magische und besondere Anziehungskraft auf die Menschen. In der antiken Astrologie nahm man an, dass jeder Mensch seinen Stern am Himmel hat, dieser Sternenglaube war weit verbreitet. Wichtige weltgeschichtliche Ereignisse wurden aus dem Stand der Sterne zueinander abgelesen, in vielen anderen Kulturen ebenfalls. Heute wissen wir, dass die Planeten Saturn und Jupiter sich so nahe kamen, dass sie von der Erde aus wie ein gewaltig großer leuchtender Stern wahrgenommen wurden und zu einem einzigen Stern verschmolzen. Jupiter galt als Stern der Weltherrschaft und Saturn als Stern Israels. Daraus entstand die Annahme, dass in Israel der Weltenkönig geboren wurde.

Von Weihnachtssternen & Co

Er wies den Heiligen Drei Königen aus dem Morgenland den Weg und führte sie nach Bethlehem. Dort blieb er über dem Stall stehen und sie fanden das Kind, knieten nieder, beteten und überbrachten ihre Kostbarkeiten aus dem Orient: Gold, Weihrauch, Myrrhe. Weihnachtsterne wachsen in südlichen Ländern. Sie sind beliebte Weihnachtsgrüße in Topf-Form und kamen als Geschäftsidee aus Los Angeles, USA. Es gibt auch die Weihnachtsinsel und Weihnachtsgewürze.

Träume und Engel

Sie sind gleich zu setzen mit göttlicher Offenbarung. Engel sind Boten Gottes und erschienen Maria, Joseph, den Weisen aus dem Morgenland oder den Hirten auf dem Felde in der Nacht. Sie überbrachten den Menschen, als ihr Sprachrohr Gottes, Aufgaben, Warnungen oder Anweisungen.

3 Legenden und Erzählungen zur Winter- & Weihnachtszeit

Licht

ist ein Symbol dafür, damit es bei den Menschen hell werden soll. Licht symbolisiert die gesamte Weihnachtszeit. Und mit Jesu kam das Licht in die Welt.

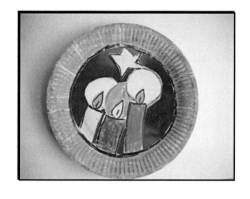

Heiland

bedeutet Retter der Welt. Jesus ist der Herr der Welt und von Gott als seinen Sohn auf die Erde gesandt.

Geschichtliche Figuren
Herodes

Er regierte von 37- 4 v.Chr., wurde 37 als König über Idumäa, Judäa, Smaria, Galiläa und Peräa bestätigt und von Rom eingesetzt. Herodes regierte 30 Jahre in Frieden und stellte die damaligen Grenzen des Reiches Davids wieder her. Aber er ließ alle Nebenbuhler, auch in der eigenen Familie, umbringen. In Jesu sah er einen ganz besonders gefährlichen Nebenbuhler und deshalb ordnete er den Kindermord in Bethlehem an (Matthäus 2 / 16 - 18)

Römischer Kaiser Augustus

Er regierte von 24 v.Chr. bis 14 n.Chr. und befahl die damalige Schätzung, um alle Menschen in seine Steuerliste aufzunehmen und die Steuern zu vermehren. Er lebte von 63 v.Chr. bis 14 n. Chr. In seine Regierungszeit fällt die Geburt Jesu.

Bethlehem und die Geburtskirche

Bethlehem ist die Stadt Davids, der Stammbaum des Geschlechtes, und Lukas gehörte dazu. Bethlehem ist weltweit für Christen ein besonderer, heiliger Ort. Die kleine Stadt liegt heute im Westjordanland der Palästinenser. Noch immer gibt es heftigen Streit und blutige Auseinandersetzungen, wem dieser Landesteil gehört und wem er zustehen sollte: Dem Staat Israel oder den Palästinensern. Dort steht die Geburtskirche und ich konnte die Geburtsgrotte selbst betreten. Eine steinerne niedrige Öffnung von etwa einem Meter Höhe, führt hinein. Es ist ziemlich dunkel und kalt. Die Menschen beginnen zu flüstern. Im großen Raum der Geburtskirche stehen riesige Marmorsäulen, die Menschen berühren sie ehrfurchtsvoll. An der Decke hängen gewaltige Kronleuchter, einer direkt über dem Altar. Hier versammeln sich die Gläubigen. Über den Steinfußboden hallen die Schritte. Nun steigt man eine schmale Treppe hinunter. Die Luft wird stickiger. Ein wunderschöner silberner Stern ist im Boden eingelassen, er markiert die Stelle, an der der Stall und die Krippe vor zweitausend Jahren gestanden sei. Jeden Besucher erfasst Ehrfurcht. Viele Menschen beten andachtsvoll, bitten um Gottes Hilfe und Beistand, küssen den Stern, er berührt ihr Herz, hier im Zentrum der Geburtskirche.

3 Legenden und Erzählungen zur Winter- & Weihnachtszeit

Maria und Josef zur damaligen Zeit in Nazareth

Ein Mädchen verlobte sich damals zwischen dem 15.-16. Lebensjahr, das war so Sitte. Matthäus 1/18-21 beschreibt, dass Maria schwanger war und Josef daran dachte, sie heimlich zu verlassen, da eine Schwangerschaft von einem anderen Mann eine Schande war. Da erschien Josef im Traum der Engel, klärte ihn über die himmlische Vaterschaft auf und auch darüber, dass das zu erwartende Kind Jesus sei, der Sohn Gottes. Sie heirateten früher als geplant. Josef übernahm die Rolle des Geburtshelfers und Pflegevaters, sah Jesus heranwachsen. Josef ist ein einfacher Handwerker und arbeitet als Zimmermann in der Stadt Nazareth. Seine Familie gehört dem Geschlecht Davids an, der einst als König in Israel regierte. Die römische Besatzungsmacht baute Straßen, Handel und Gewerbe blühten. Über ihn steht wenig in der Heiligen Schrift. Lukas stellt ihn als Verlobter Marias vor. Maria war ihm, wie es damals Sitte war, zuvor fest versprochen worden. Als Handwerker wurde man nicht reich, aber er hatte Arbeit und sein Auskommen. Maria und Josef bekamen später noch eigene Kinder. Bekannt wurden Jakobus und Judas als Brüder Jesu. Erwähnt wird dies im Jakobusbrief und im 2. Petrusbrief. Maria, Josef, die Geschwister begriffen die wahre Sendung von Jesu erst nach dessen Auferstehung wirklich. Maria und Josef nennen ihr Kind „Jesus" so wie es der Engel Maria aufgetragen hatte. Jesus heißt: „Der Herr hilft."

Bethlehem zur Zeit der Geburt Jesu

Die überfüllte Stadt im Lande Judäa war Reiseziel vieler Menschen, die sich schätzen lassen mussten an dem Ort, an dem sie geboren wurden. Die Steuerzählung dauerte sicher einige Tage. Es war deshalb gleichzeitig ein großes Fest des Wiedersehens mit Familienmitgliedern, die man lange nicht gesehen hatte. Die kleine orientalische Stadt war erfüllt von buntem quirligem Leben, der Basar war voller Leute, die Gemüse, Obst und Fleisch für das Fest besorgten und lebhaft miteinander um die zu bezahlenden Preise handelten. Die Stadt war voller Menschen, die engen Gassen verhinderten ein rasches Durchkommen, es wurde gedrängelt, geschoben, es war laut und geschäftig. Sicher war es schwierig, sich hier durch zu schlängeln, besonders für Maria, die ja schwanger war. Reisen war damals sehr beschwerlich. Man legte den langen beschwerlichen Weg zu Fuß zurück, reichere Leute ließen sich oder ihre Sachen von einem Esel tragen. Bei dieser großen Anzahl an Reisenden waren die Herbergen längst besetzt, alle Räumlichkeiten waren ausgebucht. Die angeordnete, unsinnige Volkszählung, durch Kaiser Augustus angeordnet, ließ alle Städte aus den Nähten platzen. Es herrschte ein unglaubliches Durcheinander. Die römische Besatzungsmacht hatte die Volkszählung alleine deshalb festgelegt, um Steuern neu festzuschreiben. Die Menschen empörten sich über diese Schikanen, sie waren wütend, sich in ihre Geburtsstadt begeben zu müssen, zumal nachts die Straßen und Wege unsicher waren.

Die Bibel erwähnt keinen Wirt und berichtet von keinem Stall

Die Herbergssuche wird im Lukasevangelium nicht beschrieben, ist aber logisch, denn überall sind Zimmer und Unterkünfte jeglicher Art besetzt. Später wird von dem abweisenden namenlosen Wirt berichtet, er bietet den Stall als Unterschlupf an.

Übrigens werden Ochs und Esel als Mitbewohner im Stall nirgends erwähnt, es ist nur von Schafen die Rede. Ochs und Esel sind jedoch als Sinnbild und Symbol zu verstehen: Jesaja 1,3. Es wird auch kein Stall erwähnt, sondern von einer Karawanserei berichtet, die Herberge und Unterkunft für Reisende, damals oft zu Kamel, anbietet. Zitat: „Sie hatten sonst keinen Raum in der Herberge." Damals wurden viele Kinder in Armut und Einfachheit geboren, so auch das Christuskind.

3 Legenden und Erzählungen zur Winter- & Weihnachtszeit

Die Hirten auf dem Felde

Hirten galten damals als zu verachtende, sehr arme Leute, sie durften nicht einmal bei Gericht als Zeugen aussagen. Und gerade sie waren auserwählt, die ersten Zeugen der Geburt Jesu zu sein! Sie leisten zur damaligen Zeit die schwierigste Arbeit als israelitische Hirten, nämlich Nachtwache bei den Schafen zu halten, um sie vor wilden Tieren zu schützen. Dann tritt mitten in der Nacht ein Engel zu ihnen und fordert gerade sie auf, eilends nach Bethlehem zu gehen und dem Stern am Himmel zu folgen. Die Geschichte sagt aus, dass der Engel nicht einschwebte, sondern zu Fuß kam! Gottes Engel sind also Fußgänger. Erst im Lukasevangelium erhalten die Engel ihre Flügel und schweben am Himmel. Da die Hirten in der Nähe lagerten und Nachtwache hielten, machten sie sich sofort auf den Weg um zu überprüfen, was der Engel kundgetan hat. Sie begrüßten den erwarteten  König und Friedensfürst. Er kam nicht in einem prächtigen Palast zur Welt, sondern in einem armseligen Stall. Sie stellten fest, dass die Geschichte stimmte, verkündeten die große Freude und immer mehr Menschen machten sich auf den Weg, das neugeborene Kind zu begrüßen. Auch die Sterndeuter aus dem fernen Babylon machten sich auf den Weg.

Sterndeuter, Stern von Bethlehem, Krippe

Alle 257 Jahre, so errechneten die Wissenschaftler in Babylon damals, gibt es eine ganz besondere Konstellation der Planeten. Und nun war es wieder so weit. Die Sternkonstellation sagte voraus, dass ein großer Herrscher göttlichen Ursprungs geboren werden wird. Die damaligen Wissenschaftler wurden Magier genannt. Die babylonischen Astrologen folgten dem neuen, hell leuchtenden Stern am Himmel. Sie waren Glaubensanfänger und wussten also nichts über die Weissagungen der Bibel. Als Weise aus dem Morgenland, Sterndeuter und Traumkundler machten sie sich auf dem Weg, um die Prophezeiung zu erleben. In Büchern hatten sie gelesen, dass im Lande der Juden ein ganz besonderer König geboren werden sollte. Und dann war da dieser neue Stern, der seine Geburt ankündigte. Ihre lange Reise begann, die mitgenommenen Gaben entsprachen den Geschenken für einen König.

Sterndeuter waren damals Ausländer und Nichtjuden. Das war sicher eine kleine Sensation, dass ausländische Gelehrte erschienen, denn der Prophet Micha sagte, dass der Messias in Bethlehem geboren werden würde. Selbstverständlich recherchierte auch Herodes in der Bibel und war betroffen und entsetzt. Ein Kind wollte ihm sein Reich, seine Herrschaft und seinen Thron streitig machen? Das musste er mit allen Mitteln verhindern.

Die Gelehrten trafen auch bei König Herodes in Jerusalem ein um sich kundig zu machen, kehrten jedoch nicht dorthin zurück, sondern nahmen einen anderen Weg nach Hause.

Und wieder tritt im Traum ein Engel auf, der sie warnt, dem König Herodes den Ort der Geburt des Kindes mitzuteilen: Matthäus 2/1-12

Flucht aus Ägypten

Ein Engel warnt Maria und Joseph vor dem mächtigen und auch grausamen König Herodes. Herodes ordnet den Kindermord von Bethlehem an und ließ alle kleinen Buben unter zwei Jahren umbringen. Niemand sollte es wagen, ihm seinen Thron streitig zu machen. Die Familie flieht nach Ägypten um sich zu retten.

3 Legenden und Erzählungen zur Winter- & Weihnachtszeit

Weihnachten verändert sich

Etwa drei Jahrhunderten kamen die Christen ohne das Weihnachtsfest aus, denn es herrschte grausame Christenverfolgung. Um 350 spaltete sich die Kirche in eine Westkirche, die den 25.12. festlegte und in eine Ostkirche, die den 6.Januar bis heute beibehielt. Die Adventszeit bedeutete: Gott ist erschienen und wird durch Epiphanias verdeutlicht. Im Laufe der Jahre bildeten sich Legenden um die Magiere, sie wurden zu Heiligen Drei Könige (Psalm 72/10). Auch Matthäus 2/1-12 nennt keine Zahl: „Siehe, da kamen Weise aus dem Morgenland nach Jerusalem", er erwähnt lediglich die drei Geschenke. Man nahm nun an, dass es deshalb auch drei Überbringer geben müsse. Seit dem Mittelalter repräsentieren diese drei Weisen nicht mehr die ursprünglichen drei Generationen, die sich auf den langen beschwerlichen Weg begaben, sondern rechneten sie den drei damaligen Erdteilen Europa, Asien und Afrika zu. Sie erhielten ihre Namen: Balthasar für Asien, Melchior für Europa und Kaspar für Afrika. Albrecht Dürer stellte Kaspar als Erster dunkelhäutig dar und die Weihnachtsspiele zum Fest wurden um Wirt, Herbergssuche, Ochs und Esel und die Heiligen Drei Könige erweitert und ergänzt. Damals wie heute ist Weihnachten ein Fest der Familie, laut, hektisch, Besuch wird erwartete, man rennt nach Geschenken, bereitet ein besonderes Festessen vor. Werbung all überall. Weihnachten, das Fest des Friedens und der Geburt Jesu geht dabei allzu oft verloren oder wird in den Hintergrund gedrängt.

Den Weg der Weisen aus dem Morgenland gestalten.

Fenstersims oder zwei zusammengeschobenen Tische mit 24 rechteckigen Kartonwegplatten kurvig auslegen. Diese mit Sand, Steinchen, Moos belegen oder damit die Ziffern 1-24 mit Klebstoff vormalen und die Materialien aufstreuen. Aus gestalteten Minischultüten bewegen sich die Heiligen Drei Könige jeden Tag eine Ziffer weiter. Seitlich kleine Papierhäuser, Bäume, Palmen dazu gestaltet, unter denen eine Kleinigkeit versteckt wird. Sie erhalten Ziffern, wann sie zu öffnen sind, je nach Gruppenstärke, denn jedes Kind sollte ein Geschenk erhalten. Oder man öffnet die Häuschen und Tannen zu den vier Adventssonntagen (freitags oder montags). Am Ende des Weges basteln die Kinder einen kleinen Stall, es darf auch ein Strohzelt werden. Auf ihm wird der Stern der Könige am Ende aufgesetzt. Dazu Maria, Josef, eine Krippe. Man kann die Krippenfiguren aus Karton zuschneiden und gestalten.

Unser persönliches Weihnachtsbuch

Die Kinder sammeln ihre Lieblingsgeschichten, Lieder, Gedichte, Kindermund, Weihnachtsrätsel, Rezepte oder Bastelarbeiten, schreiben Texte dazu, gestalten Zeichnungen oder benutzen Fotos aus Illustrierten. Grundschulkinder interviewen in der Fußgängerzone Mitbürger über ihre Weihnachtsvorstellungen. Großeltern, ältere Pädagogen der Schule oder Senioren im Altenheim berichten über Weihnachten von früher. Weihnachtswünsche, besondere Erlebnisse und Ereignisse mischen sich darunter. Jede Klassenstufe kreiert ihr Buch oder die Schule stellt dieses besondere literarische Werk mit Elternvertreter und Schüler zusammen. An der Schulweihnachtsfeier oder dem gemeinsamen Nikolausabend darf das Buch verkauft werden.

4 Theater, Spiele, Lieder – Kreativer Zugang zur Weihnachtszeit

Scharaden-Spiel zur Adventszeit

Eine Scharade ist ein dargestelltes Silbenrätsel. Zu jedem zu erratendem Begriff wird der Anfangsbuchstabe erraten. Aneinandergereiht ergeben sie das Lösungswort. Präsentation als Schattentheater, Stegreiftheater mit oder ohne Erzähler. Die Gegenstände werden mitgeführt.

A: Adventskerze. Ein Kind tritt auf, hält eine Kerze in der Hand und zündet diese an.
Erzähler: Dies ist eine ganz besondere Kerze. Sie läutet die Wartezeit bis Weihnachten ein.

D: Dunkelheit. Kind schaut sich ängstlich um, knipst die Taschenlampe an und ist froh.
Erzähler: Wovor fürchtet sich das Kind? Auch viele Erwachsene meiden diese Situation.

V: Vase: Kind trägt kahle Zweige herein, überlegt, sucht, zeigt auf etwas und geht hinaus.
Erzähler: Was suchte das Kind für seine Barbara-Zweige?

E: Esel: Wackelt mit den langen Ohren, winkt jemanden heran, scharrt ungeduldig.
Erzähler: Dieses Tier spielt in dieser Zeit eine besonders wichtige Rolle.

N: Nikolausrute: Kind kommt mit Rute, betrachtet sie, schüttelt Kopf, wirft sie weg.
Erzähler: Was hat das Kind weggeworfen und wem gehört denn dieser Gegenstand?

T: Tannenzweig: Kind packt Glaskugeln aus, überlegt, woran es sie aufhängen möchte, malt eine Tanne in die Luft, schüttelt Kopf, überlegt, läuft los.
Erzähler: Woran wird das Kind seine Kugel hängen?

S: Schneeflocken: Kind versucht imaginäre Schneeflocken zu erhaschen, es gelingt nicht.
Erzähler: Besonders Kinder erwarten sehnlich, was da weiß und weich herunterfällt.

Z: Zeit: Das Kind schaut ständig auf seine Uhr. Dann jubelt es und hüpft hinaus.
Erzähler: Was vergeht im Zeitlupentempo, wenn man auf etwas wartet?

E: Engel: Kind kommt, bleibt stehen, blickt hinauf, lauscht, spricht wortlos und andächtig.
Erzähler: Mit wem ist das Kind gerade in Kontakt getreten?

I: Israel: Kind mit kleiner Kappe geht bis zur Mitte, winkt, ruft Schalom, schalom
Erzähler: In welchem Land begrüßen sich die Menschen mit diesem Friedensgruß?

T: Transparent: Kind schneidet Stern mittig aus, klebt Transparentpapier dahinter.
Erzähler: Diese Arbeit hat einen besonderen Namen. Wie nennt man diese Arbeit?

Auflösung

Nach dem letzten Rätsel Musik einspielen, Lied singen. Nacheinander treten die Kinder mit ihren Buchstaben auf, der gesuchte Begriff entsteht lesbar.

4. Theater, Spiele, Lieder – Kreativer Zugang zur Weihnachtszeit

Spiel: Die Weihnachtsgeschichte

Dauer: 20 Minuten

Inhalt: Maria und Josef folgen dem Aufruf zur Volkszählung, begeben sich nach Bethlehem, suchen eine Bleibe. Dort kommt Jesus zur Welt. Hirten, Kinder und die Weisen aus dem Morgenland machen dem neugeborenen Kind ihre Referenz.

Mitspieler: beliebig große Kindergruppe

Darsteller: Erzähler, Maria, Josef, Soldat, Wirte, Engel, Hirten, Kinder, 3 Könige, Esel.

Kostüme: Maria mit Umhang oder langem Kleid; Josef mit Umhang, Hut, Laterne; Soldat mit langer Hose, Hemd, Soldatenhelm Trompete; Wirt und Wirtin beliebig; Hirten mit Hut, Stock; Engel mit weißer Tunika, Haarreifen; Könige mit Umhang, Kronen. Esel mit Schwanz und Haarreif-Ohren

Sonstiges: Siehe Texte. Weihnachtsmusik zu einzelnen Sequenzen einspielen

Einstimmung: Fröhliche Weihnacht überall...
Volkslied

Fröhliche Weihnacht überall, tönt es durch die Lüfte, froher Schall. Weihnachtslied, Weihnachtsbaum, Weihnachtsduft in jedem Raum. Fröhliche Weihnacht überall, tönt es durch die Lüfte, froher Schall

Begrüßungsgedicht

Liebe Gäste sind gekommen, um mit uns sich zu erfreun.
Liebe Gäste, seid willkommen, wollen alle fröhlich sein.

Wunschweihnachtslied singen

Gedicht

Ich kleines Mädchen (kleiner Junge) wünsche euch gesegnet frohe Weihnachtszeit
und rufe laut und freudig aus: Willkommen hier in unserem Haus.
Lasst überall Friede und Freude herein, Weihnacht, Weihnacht ziehe bei uns ein.

Erzähler

Habt ihr schon vom Heiligen Land gehört? Es liegt weit, weit weg. Es heißt Heiliges Land, weil dort Jesus geboren wurde. Seine Eltern hießen Maria und Josef und sie lebten in der Stadt Nazareth. Josef war Zimmermann.

Josef

Ich stehe morgens früh auf, sobald der Hahn kräht. Dann säge und hämmere ich den ganzen Tag, bis es dunkel wird (sägen, hämmern). Ich mache Stühle und Tische. Wir haben nicht viel Geld, aber wir sind glücklich. Maria passt manchmal auf unsere Schafe auf und hilft bei der Ernte. Aus der Wolle webt Maria Decken oder strickt Pullover. Und wir haben einen Esel.

Maria kommt hinzu

Ich habe im Haus viel zu tun. Ich hole das Wasser vom Brunnen, backe Brot (rührt in der Schüssel). Einmal, als ich mitten in der Arbeit war, erschien mir ein Engel. Ich war darüber sehr erschrocken. Aber der Engel sprach zu mir: „Sei gegrüßt Maria. Fürchte dich nicht! Gott hat mich zu dir geschickt. Siehe, bald wirst du ein Kind bekommen, du sollst es Jesus nennen. Er kommt in die Welt um alle Menschen glücklich zu machen."

Soldat erscheint

Trompetenmusik, Trommelwirbel einspielen. Maria und Josef eilen zu ihm.

4 Theater, Spiele, Lieder – Kreativer Zugang zur Weihnachtszeit

Josef: Komm Maria, wir wollen hören, was der Soldat des Kaiser Augustus verkündigt.

Soldat (rollt Schriftrolle auseinander und liest diese vor)
„Der Kaiser in Rom will wissen, wie viel Menschen in seinem Reich wohnen. Deshalb muss jeder in seine Stadt, in der er geboren wurde, damit man ihn zählen kann."

Maria
Dann müssen wir nach Bethlehem?

Josef
Komm, wir richten unsere Sachen und nehmen unseren Esel mit, er wird dich und unser Gepäck auf der langen beschwerlichen Reise tragen können.

(Sie holen den Esel, gehen durch die Zuschauer, kehren zur Bühne zurück. Begleitmusik einspielen.)

Herbergssuche
Maria (klopft imaginär an eine Tür und ruft) „Bitte lasst uns ein."

Wirt
Nein, hier ist alles besetzt, wir haben keinen Platz mehr, probiert es dort drüben.

Maria
Nun haben wir schon so oft vergeblich an die Türen gepocht. Alles ist voller Menschen. So eine blöde Volkszählung zu veranstalten, macht mich wütend.
Josef: Ich versuche es hier noch einmal. (Er klopft an.)

Wirtin (erscheint)
Ihr sucht sicher eine Unterkunft, aber unser Haus ist schon voller Verwandtschaft. Tut mir leid. Aber fragt mal bei unserem Nachbarn an.

Maria
Josef, lass es uns dort versuchen.
(Maria klopf an die Tür und ruft) „Bitte lasst uns ein" (Tür öffnet sich etwas.)

Wirt
Kommt herein, wir sind zwar selber arme Leute. Unsere Stadt quirlt über von Menschen. Alles ist besetzt, aber in unserem Stall wäre noch ein Platz frei.

Josef
Gott wird es euch lohnen. Wir brauchen dringend einen Platz, denn Maria, meine Frau wird ein Kind gebären.

Erzähler
So fanden Maria und Josef nach langer beschwerlicher Reise eine Herberge. Eine Herberge ist ein Ort, der Schutz und einen Platz bietet. In der Bibel steht das Wort Herberge und das könnte auch ein Stall gewesen sein. Ob ein Ochse und ein Esel darin standen, wissen wir nicht. Josef räumte den Stall etwas auf, stellte die Futterkrippe hin, füllte sie mit Stroh und bereitet für Maria ein Bett aus Heu und Stroh vor. Er legte seinen Umhang darüber. In dieser Nacht wird Jesus geboren, wie es der Engel verkündet hatte.

Maria nimmt das Kind aus der Krippe, wiegt es, Josef kniet hinter Mutter und Kind.

4 Theater, Spiele, Lieder – Kreativer Zugang zur Weihnachtszeit

Gemeinsames Lied „Stille Nacht"
Josef Mohr / Melodie von Franz Gruber

Stille Nacht, heilige Nacht! Alles schläft, einsam wacht nur das traute hochheilige Paar.
Holder Knabe im lockigen Haar, schlaf in himmlischer Ruh, schlaf in himmlischer Ruh

Stille Nacht, heilige Nacht! Hirten erst kund gemacht; durch der Engel Halleluja,
tönt es laut von fern und nah: Christ der Retter ist da, Christ der Retter ist da

Stille Nacht, heilige Nacht! Gottes Sohn, oh wie lacht Lieb aus seinem göttlichen Mund,
da uns schlägt die rettende Stund, Christ, in deiner Geburt

Auf dem Felde liegen die Hirten mit ihren Schafen seitlich an der Bühne
Aus Seidenpapier, mittig Taschenlampe, ein Feuer anzünden. Hirten legen sich darum.

Engel mit Kerze erscheint, singt

Vom Himmel hoch da komm ich her

Vom Himmel hoch da komm ich her, ich bring euch gute neue Mär,
der guten Mär bring ich so viel, davon ich singen und sagen will.

Euch ist ein Kindlein heut geboren, von einer Jungfrau auserkoren,
ein Kinderlein so zart und fein, das soll euer Freud und Wonne sein.

Hirte 1
Habt ihr das gehört? Gottes Sohn ist auf die Welt gekommen. Dieses Kind möchte sich sehen, kommt lasst uns rasch nach Bethlehem gehen. Ich nehme ihm etwas Wolle mit, seine Mutter kann ihm eine Decke daraus weben.

Hirte 2
Warte, ich gehe auch mit dir und möchte das Kind begrüßen. Ich werde dem Kind ein Töpfchen mit Honig mitnehmen, das wird ihm sicher schmecken.

Hirte 3
Auch ich möchte das Kind sehen und es anbeten. Ich nehme dem Kind ein warmes Tuch mit, damit es nicht friert.

Hirte 1: Aber wenn wir alle nach Bethlehem eilen, wer passt auf unsere Schafe dann auf?

Hirte 2: Unsere Hunde halten Wache, in dieser Heiligen Nacht wird ihnen nichts passieren.

Hirte 3: Lasst uns nach Bethlehem laufen um die Geschichte zu sehen, die da geschehen ist.

Erzähler
Und dann zogen die Hirten los und machten sich in dunkler Nacht auf den Weg nach Bethlehem, dorthin wo das Christuskind geboren wurde.

4. Theater, Spiele, Lieder – Kreativer Zugang zur Weihnachtszeit

Gemeinsames Lied „Oh du fröhliche" aus Sizilien 1789

Dabei ziehen die Hirten durch die Zuschauer nach Bethlehem zum Stall, treffen weitere Kinder, die sich ihnen anschließen.

Oh du fröhliche, oh du selige, gnadenbringende Weihnachtszeit!
Welt ging verloren, Christ ward geboren, freue, freue dich, oh Christenheit.

Oh du fröhliche, oh du selige, gnadenbringende Weihnachtszeit!
Christ ist erschienen, uns zu versühnen; freue, freue dich, oh Christenheit

Oh du fröhliche, oh du selige, gnadenbringende Weihnachtszeit!
Himmlische Heere, jauchzen dir Ehre. Freue, freue dich oh Christenheit!

Hirten kommen auf die Bühne (oder Kirchenstufen).
Hirte 1: Habt ihr vernommen, das Jesuskind wurde heute Nacht geboren.

Hirte 2: Kommt, wir wollen es anbeten. Ich sehe den hellen Stern über dem Stall.

Hirte 3: Kinder, wollt ihr mitkommen?

Kinder antworten im Chor: Lasst uns gehen um das Kind zu begrüßen. Alle gehen und bilden um die heilige Familie einen Halbkreis. Treppenstufen der Kirche einbeziehen.

Erzähler
Nach den Hirten und den Kindern kamen auch die drei weisen Männer aus dem Morgenland. Sie waren reich und vornehm. Sie folgten dem Stern und erreichten den Stall mit der Krippe.

Erster Weiser
Drei Weise führte die göttliche Hand, mit einem Stern aus dem Morgenland, zum Christkind durch Jerusalem, in einen Stall nach Bethlehem.

Zweiter Weiser
Wir zogen daher in schneller Eil, in dreizehn Tagen, vierhundert Meil!
Nach Bethlehem, nach Davids Stadt, wohin uns der Stern geführet hat.

Dritter Weiser
Gold, Weihrauch und Myrrhen, das schenken wir fein, das Kind soll unser König sein.

Erzähler
Sie erreichten das Kind und die heilige Familie und machten ihre Referenz. Was einst geschah ist nun zu Ende, ob Christus heut auch offene Türen fände? Den Weg zu Gott hat er frei gemacht, ein großes Licht erhellt die Nacht. Christus, er kam auf diese Erde, will auch in uns geboren werden.

Theater, Spiele, Lieder – Kreativer Zugang zur Weihnachtszeit

Gemeinsames Lied „Macht hoch die Tür die Tor macht weit"
Dabei ziehen die Kinder aus.

Macht hoch die Tür, die Tor macht weit; es kommt der Herr der Herrlichkeit,
ein König aller Königreich, ein Heiland aller Welt zugleich, der Heil und Leben mit sich bringt:
derhalben jauchzt, mit Freuden singt: gelobet sei mein Gott, mein Schöpfer reich von Rat.

Er ist gerecht, ein Helfer wert, Sanftmütigkeit ist sein Gefährt, sein Königskron ist Heiligkeit,
sein Zepter ist Barmherzigkeit, all unsre Not zum Ende er bringt, derhalben jauchzt,
mit Freuden singt; Gelobet sei mein Gott, mein Heiland groß von Tat.

Komm oh mein Heiland Jesu Christ, meins Herzentür dir offen ist. Ach zieh mit deiner Gnade
ein, dein Freundlichkeit auch uns erschein. Dein Heilger Geist uns führ und leit, den Weg zur
ewgen Seligkeit. Dem Namen dein, o Herr, sei ewig Preis und Ehr.

4 Theater, Spiele, Lieder – Kreativer Zugang zur Weihnachtszeit

Lebendiges Schattenspiel: Wärme kann man teilen

Dauer: 15 Minuten

Inhalt: Ein geiziger Mann schickt einen Jungen in die Kälte hinaus. Drei Tiere begegnen ihm und sie folgen dem Stern zu einer Hütte, und begegnen der Heilige Familie. Der Mann wird vom Stern geführt, das Kind in der Krippe lächelt ihn an und berührt sein Herz.

Mitspieler: Kindergruppe, auch Erwachsene

Darsteller: Junge, Hund, Schaf, Esel, alter Mann, Weihnachtsstern, Maria, Josef, Erzähler

Kostüme: passende Kopfbedeckungen, Haarreifen mit Tierohren, Stab mit großem Stern.

Utensilien: In Gläsern Kerzen oder Teelichter bereit stellen, Streichhölzer.

Schattenspielbühne: Zwischen zwei Kartenständern weißes Leintuch spannen, Tageslichtprojektor oder Schreibtischlampe als Lichtquelle. Zuschauer sitzen im dunklen Raum.

Spiel: Dicht an der Leinwand in Seitenansicht agieren. Alle Bewegungen langsam und übertrieben darstellen, denn Gestik und Körperhaltung erwecken die Geschichte zum Leben. Der Erzähler sitzt seitlich, liest die Geschichte vor oder die Darsteller sprechen die wörtlichen Reden.

Jeder Spieler stellt sich vor
Ich bin (Name), ich spiele den Mann und im Schatten sehe ich so aus: Kurz hinter die Leinwand gehen, sein Schattenbild, an der Seite zum Spiel aufstellen.

Wärme kann man teilen: Von Erzieherinnen verfasst; mit Instrumentenbegleitung

Wärme kann man teilen, Wärme strahlet aus, Wärme gibt's für alle, alle in diesem Haus.

Refrain: Und so sitzen wir beisammen und wir wärmen uns, ja so sitzen wir beisammen und wir freuen uns.

Wärme kann man geben, sieht sie aber nicht. Wärme das ist Leben, Wärme das ist Licht.

Refrain: Und so sitzen ...

Wärme kann man schenken, teilt die Wärme aus! Wo wir Wärme schenken, dort ist man zu Haus.

Refrain: Und so sitzen ...

Erzähler
Es war einmal ein Mann, der lebte mit seiner Schafsherde am Rande eines kleinen Dorfes. Draußen fiel der erste Schnee und es war bitterkalt. Plötzlich klopfte es zaghaft an seine Tür.

Mann: Wer ist da, so mitten in der Nacht bei diesem Schneegestöber?

Junge: Ich bin ein Junge und friere sehr. Es ist so kalt, ich bin so allein. Bitte lasst mich ein. Mann antwortet unfreundlich und barsch: Komm herein. Du kannst dich hier etwas aufwärmen. Dann aber gehe deines Weges!

4 Theater, Spiele, Lieder – Kreativer Zugang zur Weihnachtszeit

Erzähler
Der Junge wärmte sich am knisternden Feuer etwas und weil ihn der alte Mann so barsch verwiesen hatte, verabschiedete er sich rasch und wanderte weiter durch die eiskalte Nacht.

Hund bellt und kommt näher
Hallo Junge, bleib stehen. Was machst du so allein bei der Kälte? Ich will dich begleiten.

Erzähler
Da gingen der Junge und der Hund gemeinsam weiter. Dann hörten sie ein Schaf blöken.

Schaf blökt und kommt näher
Ich habe eure Spur im Schnee entdeckt und bin euch gefolgt. Lasst mich mit euch ziehen.

Erzähler
Da gingen der Junge, der Hund und das Schaf gemeinsam weiter. Von weitem hörten sie einen Esel schreien.

Esel schreit, kommt näher
Ich fühle mich so einsam heute Nacht. Lasst mich mit euch gehen.

Erzähler
Da gingen der Junge, der Hund, das Schaf und der Esel gemeinsam weiter. Ein Schneesturm hob an und als er sich legte, erstrahlte ein großer Stern am nachtschwarzen Himmel.

Hund bellt den Stern an. Das **Schaf** fällt ein und dann der **Esel.**

Junge: Was ist denn los mit euch, warum bleibt ihr stehen und schaut den Himmel an?

Die Tiere rufen: Schau an den wundersamen Himmel. Dort steht ein leuchtender Stern.

Erzähler: Und der Stern wanderte über dem Himmel, blieb vor einer kleinen Hütte stehen.

Hinweis
Auf der anderen Seite ziehen langsam Maria mit dem Kind im Arm und Josef mit einem Hocker ein und bleiben danach unbeweglich stehen bzw. sitzen.

Junge: Kommt, lass uns dem Stern folgen, ich weiß, er ruft uns mitten in dieser Nacht.

Erzähler
Und eilends liefen sie auf den Stern zu. Er stand mitten über der kleinen Hütte. Warmes, flackerndes Licht drang durch die kleine Scheibe.

Esel: Lass mich hineinsehen, ich bin der Größte, ich stelle mich mit meinen Vorderhufen auf den Fensterrand und werde euch berichten was ich sehe.

Hund: Wau, wau, nun sag schon, was siehst du da?

Schaf: Vielleicht hausen Räuber darin, lasst uns weglaufen! Nicht dass sie uns braten werden.

Junge: Esel, warum bist du so still? Ich will auch hineinschauen, was ihr Seltsames seht.

4 Theater, Spiele, Lieder – Kreativer Zugang zur Weihnachtszeit

Erzähler
Und der Hund sprang auf den Rücken des Esels, das Schaf setzte seine Hufen auf die Fensterbank und drückte sich erstaunt seine Nase am Fenster platt. Was sie sahen, war seltsam: In der kleinen Hütte saß eine Frau, die ein Kind wiegte. Hinter ihr stand ein Mann und beugte sich zärtlich zu den beiden hinunter. Gerade in diesem Augenblick schaute der Mann zum Fenster, denn er hatte ein Geräusch vernommen.

Mann: Kommt herein in unsere kleine Hütte. Er öffnet die Tür und sie treten ein. Ich bin Josef und das ist meine Frau Maria. Sie hat in dieser Nacht unser erstes Kind geboren.

Junge, Hund, Schaf und Esel treten heran

Junge
Wir haben mitten in der Nacht den Stern am Himmel gesehen und sind ihm gefolgt.
Der Hund, das Schaf und der Esel sind mir zugelaufen. Ehrlich, ich habe sie nicht gestohlen!

Hund
Wau wau, ja wir sind mit dem Jungen gegangen. Wir lebten bei einem mürrischen Mann.
Ich musste seine Schafe hüten, aber er schlug mich und gab mir kaum etwas zu fressen.

Schaf
Mäh, er war so geizig, dass er uns zu wenig Futter gab. Deshalb bin ich dem Hund gefolgt.

Esel
Ja, und ich musste schwere Säcke schleppen, er schlug mich mit seinem Stock und ließ uns draußen in der eisigen Nacht stehen, während er sich an seinem Feuer in seinem Haus wärmte.
Alle setzen sich um Maria und Josef und singen ein Wiegenlied für das neugeborene Kind.

Wiegenlied: Still still... Salzburg 1819

Still, still, still weil`s Kindlein schlafen will! Maria tut ein Liedchen singen,
ihre große Lieb darbringen. Still, still, still weil´s Kindlein schlafen will

Schlaf, schlaf, schlaf mein liebes Kindlein schlaf. Die Engel tun schön musizieren,
bei dem Kindlein jubilieren. Schlaf, schlaf, schlaf mein liebes Kindlein, schlaf.

Groß, groß, groß, die Lieb ist übergroß. Gott hat den Himmelsthron verlassen
und muss reisen auf der Straßen: Groß, groß, groß die Lieb ist über groß

Wie wir, wir, wir rufen all zu dir: Tu uns des Himmels Reich aufschließen,
wen wir einmal sterben müssen. Wir, wir, wir, wir rufen all zu dir.

Erzähler
Inzwischen wunderte sich der alte, geizige, mürrische Mann, dass es draußen so still war. Er nahm seine Laterne, ging hinaus um nachzusehen, was los ist. Als er in den Himmel schaute, blickte ihn ein großer, leuchtender Stern an. Er winkte ihm zu und forderte ihn zum Mitkommen auf. Und ohne nachzudenken, eilte der Mann dem blinkenden Stern nach. In der Eile hatte er sich keinen Mantel angezogen und trotz der eisigen Kälte fror er nicht.

Mann
Welch leuchtender Stern in dieser Nacht, welch Wunder wurde heut vollbracht?
Dass ich durch Nacht und Schnee hin eile, um dort bei dem leuchtenden Stern zu weilen?

Theater, Spiele, Lieder – Kreativer Zugang zur Weihnachtszeit

Erzähler
Etwas atemlos kommt der alte mürrische und einsame Mann an die kleine Hütte und tritt ohne zu klopfen einfach ein.

Mann
Der Stern brachte mich zu euch hierher, der Weg war weit, jedoch nicht so schwer.
Ah, da ist ja der Junge, mein Schaf, Esel und Hund, und alle sind froh und ganz gesund.

Maria
Schau, mein Kind, er lächelt dir zu, sein Herz ist offen, gib ihm die Ruh,
Es hat auf dich gewartet, hat dich gerne, deshalb folgtest du unserem Stern.
Setzt dich zu uns, sei unser Gast, weil Gott es so befohlen hat.

Erzähler
Das Kind öffnete die Seelen der Menschen, machten ihre Herzen weit
Vergessen war Missgunst, Einsamkeit, Geiz und Streit.
Am anderen Morgen zogen die Gäste in die Kälte hinaus,
gemeinsam kehrten sie zurück, in des Mannes Haus.
Schürten das Feuer, Wärme, Liebe, Geborgenheit zog ein
und von da an wollten sie immer zusammen sein.

Schlussbild
Alle Kinder nehmen sich eine bereitgestellte, brennende Kerze, treten vor die Schattenwand, verbeugen sich, genießen den Applaus. Nun geben sie ihr Kerzenlicht an die Gäste weiter, die ihre Kerzen auf den Tischen entzünden, bis der Raum vom warmen Kerzenlicht erfüllt ist. Jeder darf mit seiner Kerze dann nach Hause gehen.

Tipp für Kerzenlicht

Tipp 1: In Marmeladengläser Sand einstreuen und Grablicht einsetzen.

Tipp 2: Zugeschnittene große Sterne an einen Stab kleben und zu dem Licht hineinstellen.

Tipp 3: Gläser außen mit Kleister bestreichen und Transparent Papierschnipsel aufkleben.

Tipp 4: Beide Lieder kopieren, dann können alle mitsingen.

Theater, Spiele, Lieder – Kreativer Zugang zur Weihnachtszeit

Spiel: Begegnung von Dunkelheit und Licht

Dauer: 25 Minuten

Inhalt: Zweigespräch: Einander annehmen. Nachdenkliches Spiel.

Gruppengröße: 12 Kinder, Sprecher, Sprecherinnen.

Ort: Kirchenraum

Kostüme: Weißes Oberteil, dunkle Hose oder Rock

Sonstiges: Kerzen, in einem Glas, Streichhölzer, Orgel

Einleitung durch Orgelmusik
12 Kinder ziehen von beiden Seiten mit brennender Kerze ein, bilden Halbkreis.

Alle Kinder
Alles dunkle Wandern auf den Straßen haben wir mit Kerzen fromm verstellt.
Aber während wir den Glanz noch fassen, hat der Engel uns schon längst verlassen und sich den Verlorenen zugestellt.

Drei Sprecher kommen hinzu und bleiben auf den Stufen stehen oder sitzen
Denn die einen sind im Dunklen, und die anderen sind im Licht.
Doch man sieht nur die im Lichte, die im Dunklen sieht man nicht.

Danach: Je sechs Kinder bilden rechts und links neben dem Altar nebeneinander eine Gruppe.

Ein Kind tritt in die Mitte
Jesuskind, wo bist du? Du bist nicht mehr zu sehn. Ich sehe Maria, die Mutter und Joseph, den Vater Hand in Hand. Doch dich kann ich nicht finden. Wo bist du, Jesuskind?

Gruppe 1: Ich bin im Herzen der Armen, die ganz vergessen sind.

Kind in der Mitte
Maria voller Sorgen, sie sucht dich überall. Draußen bei den Hirten, in jeder Ecke im Stall.
Alles sucht und ruft dich: Wo bist du Jesuskind.

Gruppe 2: Ich bin im Herzen der Kranken, die arm und einsam sind.

Kind in der Mitte
Die Könige sind gegangen, sie sind schon klein und fern,
die Hirten auf dem Felde, sie sehen nicht mehr den Stern.
Die Nacht wird kalt und finster, erloschen ist das Licht.
Die armen Menschen seufzen: Nein, nein das war Er nicht!
Doch rufen sie noch immer: Wo bist du Jesuskind?

Gruppe 1: Ich bin im Herzen der Menschen, die ohne Hoffnung sind.

Theater, Spiele, Lieder – Kreativer Zugang zur Weihnachtszeit

Beide Gruppen gemeinsam: Alles dunkle Wandern auf der Straße …

Drei Sprecher: Denn die einen …

1. Kind: Ja, aber wo sind denn die Armen, die ganz vergessen sind?
2. Kind: Gibt es denn noch solche Menschen?
3. Kind: Wir leben doch in einem Wohlfahrtsstaat!
4. Kind: In unserem Staat herrscht Demokratie.
5. Wir leben an einem wichtigen Wirtschaftsstandort.
6. Da bekommen die Menschen Unterstützung und Zuschüsse …
7. und Sozialhilfe und Rente.
8. Flüchtlinge und Einwanderer werden bei uns aufgenommen und unterstützt.
9. Wir tun doch alles für Migration und friedliches Zusammenleben.
10. Der Staat sorgt doch für alle.
11. Die Kirche hilft doch auch wo sie kann.
12. Und die Gewerkschaft und Verbände sorgen mit.

Alle: Wo sind denn die Armen, die ganz vergessen sind?

Orgelmusik: Drei weitere Sprecher kommen durch die Kirche und setzen sich auf die Stufen.

Sprecher 1
Ich bin eine Mutter und habe drei Kinder. Ich mache mir große Sorgen um sie. Ich verstehe sie nicht mehr. Manchmal denke ich an die Zeit, als sie klein waren und mit all ihren Nöten zu mir kamen. Heute kommen sie nicht mehr. Mit meinem Mann kann ich nicht darüber sprechen. Er hat keine Zeit.

Sprecher 2
Ich komme aus Griechenland. Daheim, in meinem Land scheint auch im Winter die Sonne und die Menschen sind fröhlich, obwohl sie arm sind. Ich verdiene mein Geld hier in Deutschland. Aber ich bin in der Fremde. Ich habe Heimweh. Doch das kümmert niemand.

Sprecher 3
Ich war im Gefängnis, zwei Jahre. Nun wurde ich entlassen. Nach vielem Suchen fand ich einen Arbeitsplatz. Mein Chef kennt meine Vergangenheit. Er beobachtet mich ständig. Niemand vertraut mir richtig. Ich sehne mich nach Verständnis, ein bisschen Wärme und Herzlichkeit. Sollte das so schwer sein, zu finden?

Erster Sprecher: Denn die einen sind …

Gruppe 1 und 2: Alles dunkle Wandern …

1. Kind: Und wo sind die Kranken, die arm und einsam sind?
2. Kind: Gibt es denn solche Leute?
3. Kind: Wir haben doch Krankenhäuser …
4. Kind: und Krankenkassen …
5. Kind: und Ärzte …
6. Kind: und auch Pfleger und Pflegerinnen.
7. Kind: Oder das Jugendamt
8. Kind: Sozialhilfe gibt es ebenfalls …
9. Kind: auch eine Telefonseelsorge …
10. Kind: und die Nachbarn nicht zu vergessen.
11. Kind: Und noch weitere Ämter sind da.
12. Kind: Sozialarbeiter, Pädagogen helfen doch auch.

Theater, Spiele, Lieder – Kreativer Zugang zur Weihnachtszeit

Alle: Wo sind denn die Kranken und alle die Hilfe brauchen, die arm und einsam sind?

Sprecher 1
Ich hatte einen schweren Autounfall. Seit Wochen liege ich im Krankenhaus. Zuerst bekam ich viel Besuch. Jetzt nicht mehr. Alle haben immer so viel zu tun. Ich habe oft Schmerzen und fühle mich allein gelassen. Ein Besuch würde mich aufmuntern.

Sprecher 2
Ich bin eine alte Frau. Tagsüber sitze ich am Fenster und schaue auf die Straße hinab. Das bunte Leben flutet draußen an mir vorbei. Meine Tochter wohnt so weit weg. Mein Sohn hat keine Zeit und meine Enkel langweilen sich bei mir. Ich bin allein.

Sprecher 3
Ich habe Krebs und weiß, dass ich nicht mehr lange zu leben habe. Die Menschen um mich herum wissen das auch. Aber sie meiden mich. Sie bedauern mich und ertragen meinen Anblick nicht mehr. Dabei würde mir ihr Anblick so wohltun.

Ersten Sprecher: Denn die einen ...

Gruppe 1 und 2: Alles dunkle Wandern ...

1. und 2. Kind: Und wo sind die Menschen, die ohne Hoffnung sind?
3. und 4. Kind: Gibt es denn solche Leute?
5. und 6. Kind: Wir haben doch Kirchen, die kümmern sich schon.
7. und 8. Kind: Es gibt doch Brot für die Welt.
9. und 10. Kind: Und wir bezahlen doch die Entwicklungshilfe!
11. und 12. Kind: Sind wir nicht Weltmeister im Spenden überhaupt?

Alle: Wo sind denn die Menschen, die ohne Hoffnung sind?

Sprecher 1
Ich bin ein junges Mädchen. Ich wurde christlich erzogen. Taufe, Kinderkirche, Religionsunterricht. Aber nun quälen mich Zweifel. Gerade zur Weihnachtszeit. Alles singt und predigt von dem Kind in der Krippe. Aber ich kann damit nichts mehr anfangen. Aber mit wem kann und soll ich darüber reden?

Sprecher 2
Ich komme aus Japan und studiere in Deutschland. Als die Atombombe fiel, zerstörte sie gleichzeitig den Glauben an unseren Kaiser, den wir als Gott verehrten. Ich weiß nicht mehr, woran ich mich halten soll. Ich beobachte die Menschen in Deutschland. Doch viele haben auch keinen inneren Halt mehr.

Erster Sprecher: Denn die einen ...

Gruppe 1 und 2: Alles dunkle Wandern ...

Sprecher 3
So spricht Gott der Herr: Ich werde gesucht von denen, die nicht nach mir fragen. Ich werde gefunden von denen, die mich nicht suchten. Und die, die meinen Namen nicht anriefen, sage ich: Hier bin ich, hier bin ich.

4 Theater, Spiele, Lieder – Kreativer Zugang zur Weihnachtszeit

1. Kind: Und wir?
2. Kind: Wir im Lichte und im Frieden?
3. Kind: Wir die Wohlhabenden und Tüchtigen?
4. Kind: Wir die fleißigen und Leistungsträger?
5. Kind: Wir die Gesunden und Tapferen
6. Kind: Wir die Mutigen und Erfolgreichen?
7. Kind: Wir die Frommen und Gläubigen?
8. Kind: Wir die Gerechten, ohne Not und Krieg.
9. Kind: Was wären wir aber ohne ihn?
10. Kind: Wenn er doch bei den Armen und Verfolgten ist?
11. Kind: Und bei den Kranken und Flüchtlingen?
12. Kind: Und bei denen, die nicht an ihn glauben?

Alle zusammen/Einzelne: Was wären wir ohne ihn?
- Allein mit unserem schönen Kerzenlicht und Geschenken.
- Allein mit unserem Glanz des Festes.
- Allein mit unserer Sicherheit und Wohlstand.
- Allein mit unserer Rechtschaffenheit und Demokratie.
- Allein mit unserem Erfolg, unserem Geld und Wohlstand.
- Allein in unserem friedlichen, großen, schönen, reichen Land.

Alle: Ist das so?
- Aber dann wären wir ja die Armen.
- Aber dann wären wir ja die Kranken.
- Aber dann wären wir ja die ohne Glauben und Zuversicht.
- Aber dann ist ja kein Unterschied zwischen ihnen und uns.

Alle: Dann gehören wir ja zusammen
- Weil wir ihn alle brauchen.
- Weil wir einander brauchen.

Erste Sprecher: Kommt und lasst uns zu ihm gehen.
(Immer zwei Kinder sprechen die nachfolgenden Texte und holen sich einen der Kerzenträger. Am Schluss steht ein Sprecher ohne Kerze zwischen zwei Kerzenträger.)

Das erste Paar:	Und zuhören ... (Gehen, holen Kerzenträger ab)
Das zweite Paar:	Und Fragen stellen ...
Das dritte Paar:	Und Antworten finden und geben ...
Das vierte Paar:	Einander zuhören, achten und wertschätzen ...
Das fünfte Paar:	Sich achten und lieben ...
Das sechste Paar:	Und danken nicht vergessen ...

Alle Kerzenträger
Wo zwei oder drei versammelt sind in meinem Namen, da bin ich mitten unter ihnen.

Alle Sprecher
Was ihr getan habt einem unter diesen meinen geringsten Brüdern, das habt ihr mir getan

Alle Kinder: Darum nehmet einander an, wie auch Christus euch angenommen hat.

Orgelspiel zum Ausklang

4 Theater, Spiele, Lieder – Kreativer Zugang zur Weihnachtszeit

Zwiegespräch zwischen Marias kleinem Esel und den Evangelisten

Als Hörspiel, Lesung, Darstellendes Spiel

Lukas (Geburt Jesu, Lukas 2 Vers 1-20) Matthäus: Die Weisen aus dem Morgenland und Flucht nach Ägypten: 2 Vers 1-23

Dazwischen Wunschlieder aus bisherigen Spielen einfügen.

Einführung
Die Weihnachtszeit ist die Zeit der Lichter, der Musik, des Beisammenseins und miteinander Singens. Gemäß den Evangelien von Lukas und Matthäus haben wir im Kindergottesdienst passende Lieder eingefügt. Durch die Geschichte führt uns Marias kleiner Esel. Ein oder zwei Sprecher lesen uns die Bibeltextstellen dazu vor. Die Lieder dürfen vom Schulchor, Kindergruppe, Solisten mit und ohne Instrumente gestaltet werden. Natürlich kann auch das Schulorchester eingebunden sein. Als Raum bietet sich die Kirche oder ein Saal/Schulaula an. Werden die Lieder dazu kopiert, darf jedermann einfach mitsingen.

Dauer: 20 Minuten ohne Lieder

Inhalt: Lukas und Matthäus Evangelium lebendig werden lassen. Der Esel war von Anfang an dabei und berichtet aus seiner Sicht die Geschichte, die da geschehen ist.

Gruppengröße: Kindergottesdienst, Schulgemeinschaft

Darsteller: Esel, Lukas, Matthäus, Chor, Orchester

Kostüme: Esel mit Haarreif und Eselsohren; Lukas in einer Tunika

Vorbereitung: Lieder mit Melodien und Texte kopieren

Sonstiges: Weihnachtlich geschmückter Raum mit Kerzen

Esel: Darf ich mich vorstellen? Ich bin Marias kleiner Esel. Früher, ja früher, da war ich oft bockig und nicht gerade fleißig. Ich habe oft ausgeschlagen und meinen Besitzer geärgert. Deshalb wollte mein Herr mich loswerden und verkaufte mich störrischen, faulen Esel an den Zimmermann Josef. Ich war nicht sehr teuer und hatte überhaupt keine Lust, Maria oder Gepäck nach der Stadt Bethlehem zu schleppen, weil sie sich dort schätzen lassen mussten.
Und dann geschah etwas Seltsames. Maria streichelte mich, kraulte mich zwischen den Ohren, nahm eine Bürste, schrubbte mein Fell mit Wasser sauber bis es glänzte – und ich verliebte mich in meine neue Herrin auf der Stelle.

Lukas: Und es begab sich aber zu der Zeit, dass ein Gebot von Kaiser Augustus ausging, dass alle Welt geschätzt würde. Und diese Schätzung war die Allererste und geschah zu der Zeit, da Cyrenius Landpfleger in Syrien war. Und jedermann ging, dass er sich schätzen ließe, ein jeglicher in seine Stadt.

Esel: Maria erwartete ihr erstes Kind, der Weg war staubig und steinig und ich ließ sie bereitwillig auf meinen Rücken sitzen. Ich war richtig stolz, dass ich sie tragen durfte und beschloss der beste, netteste und stärkste Esel der Welt zu werden, denn Maria sollte die Mutter Gottes werden.

Lukas: Da machte sich auch Josef aus der Stadt Nazareth auf, in das jüdische Land, zur Stadt Davids, die da heißt Bethlehem, darum dass er von dem Hause und Geschlecht Davids war; auf dass er sich schätzen ließe mit Maria, seinem vertrauten Weibe, die war schwanger.

Theater, Spiele, Lieder – Kreativer Zugang zur Weihnachtszeit

Esel: Aber der Weg nach Bethlehem, wo sie sich in ein Buch einschreiben mussten, war weit und so waren wir eine ganze Woche unterwegs. Nach vielen Tagen mühevoller Wanderschaft erreichten wir die kleine Stadt Bethlehem. Sie war übervoll mit Menschen und es war schwierig, durch die engen Gassen und Straßen durchzukommen. Es war laut, die Menschen schoben und drängelten und ich musste achtgeben, dass Maria nichts geschieht.

Lukas: Und als sie daselbst waren, kam die Zeit, dass sie gebären sollte und sie gebar ihren ersten Sohn und wickelte ihn in Windeln und legte ihn in eine Krippe, denn sie hatten sonst keinen Raum in der Herberge.

Esel: Josef und Maria pochten an viele Türen, doch alle Herbergen waren voll besetzt. Viele Verwandte sahen sich nach langer Zeit wieder, die Menschen hasteten durch die schmalen Bazarstraßen und kauften für das Festessen ein. Maria und Josef hatten an viele Türen geklopft, aber bisher vergeblich.

Josef (klopft erneut an eine Tür):
Wir kommen von Nazareth, oh öffnet uns die Tür, Gottes Lohn erhaltet ihr.

Wirt (öffnet): Wir haben keinen Platz und keinen Raum, schlaft dort, unter dem großen Baum.

Josef (klopft an eine andere Tür):
Habt Erbarmen mit uns, ihr lieben Leut, Maria wird gebären ihr Kind noch heut!

Wirt: Wir sind besetzt, schert euch nur fort und sucht euch einen anderen Ort!

Esel: Als Maria am Ende ihrer Kraft war, öffnete am Stadtrand endlich ein Mann die Tür. Was war ich froh. Er hatte zwar nur einen windschiefen kleinen Stall, den Josef erst noch sauber machen musste, aber besser als nichts. Mit meinen Hufen schob ich das Heu zusammen, damit Maria weich liegen konnte und Josef breitete seinen Umhang darüber. So hatten wir endlich eine Herberge gefunden.

Lukas: Und es waren Hirten in derselben Gegend auf dem Felde bei den Hürden, die hüteten des Nachts ihre Herde. Und siehe, des Herren Engel trat zu ihnen und die Klarheit des Herrn leuchtete um sie und sie fürchteten sich sehr. Und der Engel sprach zu ihnen: „Fürchtet euch nicht. Siehe, ich verkündige euch große Freude, die allem Volk widerfahren wird; denn euch ist heute der Heiland geboren, welcher ist Christus, der Herr; in der Stadt Davids. Und das habt zum Zeichen, ihr werdet finden das Kind in Windeln gewickelt und in einer Krippe liegen." Und alsbald war da bei dem Engel die Menge der himmlischen Heerscharen, die lobten Gott und sprachen: „Ehre sei Gott in der Höhe, und Frieden auf Erden, und den Menschen ein Wohlgefallen." Und da die Engel von ihnen gen Himmel fuhren, sprachen die Hirten untereinander: „Lasst uns nun gehen gen Bethlehem, und die Geschichte sehen, die da geschehen ist, die uns der Herr kundgetan hat."

Esel: Draußen vor unserem Stall pochte es plötzlich an die Tür und Hirten mit ihren Laternen traten herein. „Ist hier das neugeborene Kind, welches in Windeln gewickelt ist und in einer Krippe liegt? Wir haben unsere Schafe in dieser seltsamen Nacht allein gelassen um das Kind anzubeten.", sprachen die Hirten. Da war ich so glücklich und stolz, dass ich so nahe bei der Heiligen Familie sein durfte und ich flüsterte dem neugeborenen Kind ganz leise zu: „Ich werde dich mit großer Freude tragen, wohin du willst und werde dich beschützen, dich mit deiner Mutter Maria und deinem Vater Josef."

Theater, Spiele, Lieder – Kreativer Zugang zur Weihnachtszeit

Lukas: Und sie kamen eilends und fanden beide, Maria und Joseph, dazu das Kind in der Krippe liegen. Da sie es aber gesehen hatten, breiteten sie das Wort aus, welches zu ihnen von diesem Kind gesagt war: Und alle, vor die es kam, wunderten sich der Rede, die ihnen die Hirten gesagt hatten. Maria aber behielt alle Worte und bewegte sie in ihrem Herzen. Und die Hirten kehrten wieder um, priesen und lobten Gott um alles, was sie gehört und gesehen hatten, wie denn zu ihnen gesagt war.

Matthäus: Als Jesus geboren ward in Bethlehem in Judäa zur Zeit des König Herodes, siehe da kamen Weise aus dem Morgenland nach Jerusalem und sprachen: „Wo ist der neugeborene König der Juden? Wir haben seinen Stern gesehen im Morgenland und sind gekommen, ihn anzubeten."

Esel: Viele Menschen strömten herbei, um den neugeborenen König zu begrüßen. Die Hirten erzählten die Geburt Jesu überall und im Stall war es manchmal so voll, dass ich freiwillig hinausging, um Platz zu machen. Maria hielt das Kind im Arm und sang ihm Wiegenlieder und Josef legte zärtlich seinen Arm um beide und lächelte.

Die heiligen drei Könige im Wechselgespräch
Wir kommen daher, von Gott gesandt, mit diesem Stern aus dem Morgenland.
Wir sind die drei Weisen aus Babylon, zu suchen nach dem Königssohn.
Wir zogen daher in schneller Eil, in dreißig Tagen vierhundert Meil.
Wir kamen vor Herodes Haus, Herodes er horcht uns heimlich aus.
Wir zogen miteinander ins Land hinaus, wir sahen, der Stern stand leuchtend über dem Haus.
Wir fanden das Kind, schenkten Weihrauch ihm viel, auch Gold dazu, das war unser Ziel.
Und Myrrhen brachten wir ebenfalls diesem Kind, knieten nieder und beteten flink.

Esel: Welch Glanz in dieser Herberge. Da kamen Fremde, ja richtige Gelehrte von so weit her, um das Kind zu grüßen. Und sie brachten wertvolle Geschenke mit. Aber in der Nacht erschien ihnen ein Engel.

Matthäus: Und Gott befahl ihnen im Traum, nicht zu Herodes zurück zu kehren; und sie zogen auf einem anderen Weg wieder in ihr Land.

Esel: Langsam kamen weniger Menschen zu uns in die Herberge. Aber die himmlischen Heerscharen wachten über unserem Stall, über Maria, Josef und das Kind in der Krippe.

Doch plötzlich packte Josef alle seine Habseligkeiten ein. Aha, nun geht es zurück nach Hause. Da freute ich mich mächtig. Aber dann vernahmen meine langen grauen Ohren, dass es nicht nach Nazareth zurückgehen sollte, denn der mächtige König Herodes trachtete dem Jesuskind nach seinem Leben. Das machte mich so richtig wütend. Als Maria mit dem Kind auf meinem Rücken Platz genommen hatte, brachte ich die heilige Familie so schnell ich konnte weg. Josef und ich, wir beide wurden nicht müde, bis wir die Landesgrenze von Ägypten erreichten und in Sicherheit waren.

Matthäus: Als sie aber hinweg gezogen waren, da erschien der Engel des Herrn und sprach: „Steh auf und nimm das Kindlein und seine Mutter mit dir und flieh nach Ägypten und bleib dort, bis ich dir's sage; denn Herodes hat vor, das Kindlein zu suchen, um es umzubringen." Da stand er auf, nahm das Kindlein und seine Mutter mit sich bei Nacht und entwich nach Ägypten und blieb dort bis nach dem Tod des Herodes, damit erfüllt würde, was der Herr durch den Propheten gesagt hat.

Esel: Kaum, dass wir geflohen waren, ließ Herodes alle Knaben unter zwei Jahren ermorden. Das war ganz schrecklich und der Kindermord von Bethlehem ist bis heute den Menschen in schrecklicher Erinnerung geblieben. Und als der böse König Herodes starb, rief Gott seinen Sohn Jesus mit Maria und Joseph nach Hause zurück. Und ich war wieder dabei. Ja, das alles habe ich erlebt und mit meinen eigenen langen Eselsohren gehört.

Gemeinsames Lied singen, musizieren.

4 Theater, Spiele, Lieder – Kreativer Zugang zur Weihnachtszeit

Spiel: Das Gebot des Kaisers Augustus

Dauer: 15 Minuten

Inhalt: Vom Kaiserhof des Augustus, Herbergssuche, Geburt, Anbetung durch die Hirten

Gruppengröße: Kindergruppe etwa 20 Kinder

Darsteller: Kaiser Augustus, Schreiber Rufus, Maria, Josef, Kurier, Sprecher, Bewohner Bethlehems, Hirten

Kostüme: Tunika, Umhänge, Kopfbedeckungen, Hirtenstäbe

Sonstiges: Hocker für Maria, Krippe mit Heu

Szene 1: Im Kaisersaal des Augustus

Kaiser Augustus
Ihr Schreiber kommt her und hört mein Gebot, hab's eilig, die Staatskasse ist in großer Not,
muss diesen Erlass diktieren, um noch viel mächtiger zu regieren.

Schreiber Rufus
Euer Wunsch Majestät, stets ein Befehl für uns sei, wir eilen mit Feder und Papier schon herbei. Ein Riesenreich habt ihr gegründet, von Meer zu Meer von Rhein zum Nil. Viel Völker sind mit euch verbündet, eure Legionen verlangen viel zu viel.

Augustus
Ich weiß. Deshalb habe ich meine Schreiber hierher befohlen.
Das fehlende Geld muss ich durch Steuern im Land hereinholen
Ich Augustus, und Cäsar regieren die Welt, man uns für ihren Gott hält.
Schreibt auf: Cyranio, der Gouverneur zu Syrien gibt dieses zu Gehör:
Er soll alle Leute registrieren und eine genaue Steuerliste führen.
Rufus, ich danke dir für deine Mühe, die Steuerschrauben anzuziehen.

Szene 2: Im Bazar in Nazareth

Josef
Was rennt das Volk zum Markte hin? Ist Bazar, ein Zirkus, Festbeginn?

Maria
Sieht wenig aus nach einem Fest, gleicht eher einem Wespennest!
Schaut hin, ich seh da den Kurier, oh weh, nichts Gutes schwant in mir.

Josef
Kurier des Kaisers? Das bringt Not. Ist Krieg? Sind es Steuern? Gibt's kein Brot?

Kurier entrollt Schriftrolle
Im Namen seiner Majestät sage ich euch, jeder muss in seine Geburtsstadt, zu zählen im Reich.
Also macht euch auf den Weg, das ist ein Befehl, damit Cäsar sein Volk gut zähl.

Maria
Was jetzt im Winter? Unerhört! Den Kaiser dies wohl wenig stört.

Sprecher
Und du Bethlehem, die du bist klein unter den Städten in Juda, aus dir soll kommen, der in Israel Herr sei, welches Ausgang von Anfang und von Ewigkeit her gewesen ist (Micha 5).

Theater, Spiele, Lieder – Kreativer Zugang zur Weihnachtszeit

Josef
Seltsam, dass wir nach Bethlehem müssen! Ob es in den göttlichen Beschlüssen schon feststeht, dass in Heiliger Nacht, der Heiland wird zur Welt gebracht? Wir beugen uns nun seinem Willen, gehen nach Bethlehem, seine Weissagung zu erfüllen

Szene 3: Maria und Joseph in Bethlehem

Maria
Nun ist es aus, ich kann nicht mehr, meine Füße sind wie Blei so schwer.
Ist kein Christ da, der meinen Anblick rührt? Ist keiner da, der mit uns Erbarmen spürt?

Josef
Ich will von Tür zu Türe gehen und von neuem um eine Herberge flehen.
(Joseph geht zu den auf den Altartstufen sitzenden Menschen aus Bethlehem.)
Habt ihr einen Raum in eurem Haus?

Bewohner 1: Es tut mir leid. Weiß selber kaum. Hab weder Bett noch Schlafstatt oder Raum.

Bewohner 2: Schert euch davon ihr Lumpenpack, nachher fehlt mir Geld und Sack.

Bewohner 3: Ach legt euch doch dort untern Baum, die Stadt ist voll, es gibt keinen Raum.

Bewohner 4: Habt ihr Geld oder Golddukaten? Wenn nein, seid ihr bei mir nicht gut beraten.

Bewohner 5: Geht dort ans Ende dieser Stadt, im Stall man noch einen Platz für euch hat?

(Joseph und Maria machen sich dorthin auf, wo der Bewohner hingezeigt hat.)

Wirtin
Oh nein, wie deine Frau hier stöhnt! Passt auf, wenn ihr nicht seid verwöhnt,
ein Stall, fast wage ich es nicht zu sagen, er ist schon zur Hälfte abgeschlagen,
doch wäre dort ein trockener Fleck, wenn ihr wegräumt den Mist und Dreck.

Maria
Gott Lob, ER lässt uns nicht im Stich, nun wird es in dieser Nacht noch Licht!
Komm Joseph, reich mir deinen Arm, im Stall ist`s trocken und auch warm.

Szene 4: Im Stall von Bethlehem

Josef
In Heu und Stroh, in Davids Stadt, Gott selber heut Geburtstag hat.
So tief herab stieg Gottes Kind, dass jeder es im Stalle find!

Sprecher
Und Maria gebar ihren ersten Sohn, wickelte ihn in Windeln und legte ihn in eine Krippe.

Josef
Was ist das für ein Lärm da draußen? Ob hier wohl Diebe und Räuber hausen?

Hirte 1: Hier muss es sein, dass ich nicht lach! Der Stern steht über des Stalles Dach!

Hirte 2: Du bist verrückt, in einem Stall, da ist der Heiland auf keinen Fall!

Hirte 3: Der Stall fällt wohl gleich vollends ein, wenn der Dezemberwind bläst hinein!

4 Theater, Spiele, Lieder – Kreativer Zugang zur Weihnachtszeit

Hirte 4: Engelswort tut niemals lügen. Er sprach: „Das Kind wird in einem Stalle liegen."

Hirte 5: Ja, und seine Krippe stünde der Stall, drum sind wir recht, auf jeden Fall.

Hirte 6: Ist hier das Gotteskind geboren, das aller Welt zum Heil erkoren?

Hirte 7: Klopft an, geht hinein und spricht: Dass Gott erbarm, wir sind so frei, besuchen euch in dieser Armenei!

Josef
Kommt nur herein, ihr seid schon recht, Gott selber wird unser aller Knecht.
Erschienen; um uns zu bedienen; um unsre schwere Schuld zu sühnen

Hirte 1 und 2
Ich weiß nun, warum Gottes Kind, man in diesem Stall hier find.
Damit auch wir die ausgestoßen, verschmutzt unsere Jacken, unsere Hosen.

Hirte 3 und 4
Verschmutzt das Herz, so wie das meine, mit Gott nun kämen wir ins Reine!

Sprecher
Wenn dem so ist, dass Gottes Kind, auch uns in unsrem Elend find,
auch Jung und Alt, arm und reich, auch dich und mich! Oh Leut, ich freu mich königlich.

Hirte 5 und 6
Dann dürfen wir zur Krippe gehen und dieses Wunder Gottes sehn?

Hirte 7
Wir dürfen ihm mit schlichtem Herzen begegnen, kann Er uns nicht allesamt nun segnen?

Maria
Nun dürft ihr diese Krippe schmücken, das Jesuskind ans Herz euch drücken.

Hirten
Wir singen ihm ein Wiegenlied, bis es in tiefen Träumen liegt.

Und ihr: Stimmt alle froh mit ein, dann wird das Lied so prächtig sein.

Lied: Lobt Gott ihr Christen... Nikolaus Herman 1554

Lobt Gott ihr Christen, alle gleich
in seinem höchsten Thron, der heut schleußt auf sein Himmelreich und schenkt uns seinen Sohn, und schenkt uns seinen Sohn,

Er kommt aus seines Vaters Schoß und wird ein Kindlein klein, er liegt dort elend, nackt und bloß in einem Krippelein ...

Er wird ein Knecht und ich ein Herr, das mag ein Wechsel sein! Wie könnt er doch sein freundlicher, das Herze Jesulein ...

Heut schleußt er wieder auf die Tür zum schönen Paradeis;
der Cherub steht nicht mehr dafür, Gott sei Lob Ehr und Preis ...

4 Theater, Spiele, Lieder – Kreativer Zugang zur Weihnachtszeit

Lieddarstellung: Wer klopfet an? Wort und Weise aus Tirol 1884

Dauer: 10 Minuten

Inhalt: Lied darstellen: Wer klopfet an

Gruppengröße: Kleingruppe

Mitspieler: Josef, Maria, Wirte, Sprecher

Kostüme für die drei Beteiligten zusammenstellen.

Sprecher
Maria und Josef erreichten die Stadt Bethlehem. Die kleine Stadt war überfüllt von Menschen, die sich hier einfanden, um gezählt zu werden und Steuern zu entrichten. Diese Zählung sollte über mehrere Tage gehen. Die Straßen waren voller Menschen, es wurde gedrängelt, geschoben, gerufen. Kurzum, es war laut, eng und hektisch.

Josef
Maria, komm, wir werden schon noch eine Herberge finden, ganz gewiss. Komm dort vorne brennt noch Licht. Ich werde anklopfen um Unterkunft bitten

Lieddarstellung als Wechselgesang
(Josef klopft an)

Wirt: Wer klopfet an?

Josef und Maria: Oh zwei gar arme Leut.

Wirt: Was wollt ihr denn?

Maria und Josef: Oh gebt uns Herberg heut.
Oh durch Gottes Lieb wir bitten, öffnet uns doch eure Hütten!

Wirt: Oh nein, oh nein.

Josef und Maria: Oh lasset uns doch ein.

Wirt: Das kann nicht sein!

Josef und Maria: Wir wollen dankbar sein.

Wirt: Nein, das kann einmal nicht sein, da geht nur fort, ihr kommt nicht rein!

Sprecher
Draußen wurde es dunkel. Maria spürte, dass ihr Kind bald, sehr bald auf die Welt kommen würde. Und noch immer hatten sie keine Herberge, kein Lager, wo Maria ihr erstes Kind zur Welt bringen konnte.

Josef
Maria, wir werden ganz sicher etwas finden, halte noch ein wenig durch. Dort, am Ende der engen Gasse stehen auch noch Häuser. (Josef klopft an eine Tür)

Wirt: Wer vor der Tür?

Josef: Ein Weib mit ihrem Mann.

4 Theater, Spiele, Lieder – Kreativer Zugang zur Weihnachtszeit

Wirt: Was wollt ihr hier?

Maria: Hört unsere Bitten an: Lasset heut bei euch uns wohnen, Gott wird es euch reichlich lohnen.

Wirt: Was zahlt ihr mir?

Maria und Josef: Kein Geld besitzen wir.

Wirt: So geht von hier!

Maria: So öffnet uns die Tür.

Wirt: Ei, machet mir kein Ungetüm, da packt euch geht wo anders hin.

Sprecher
Josef stützte Maria und langsam gingen sie weiter. Da entdeckten sie, etwas außerhalb, ein Licht, drauf steuerten die beiden zu.

Josef
Ich werde hier noch einmal anklopfen. Wir müssen doch Glück haben und eine Herberge für uns und unser Kind finden. Josef pocht an die Tür.

Wirt (öffnet und schaut Marias an): Was weinet ihr?

Maria: Vor Kälte erstarren wir.

Wirt: Wer kann dafür?

Josef, Maria: Oh gebt uns doch Quartier! Überall sind wir verstoßen, jede Tür ist uns verschlossen.

Wirt: Ihr bleibt mir drauß!

Josef: Oh öffnet uns das Haus.

Wirt: Da wird nichts draus.

Maria und Josef: Zeigt uns ein andres Haus.

Wirt: Dort gehet hin zur nächsten Tür. Hier ist nicht Platz! Geht weg von hier.

Sprecher
Josef und seine Frau Maria sind verzweifelt. Maria kann sich kaum mehr auf den Beinen halten. Die Wehen haben eingesetzt und werden immer heftiger. Wo sollen sie nur ihr Kind auf die Welt bringen! Wo nur, wo! Dann sehen sie in der Ferne Licht und Josef erkennt, dass es ein Stall ist. Nach wenigen Minuten stehen sie vor dem Stall und klopfen an die Tür des danebenstehenden kleinen Hauses.

Mann (öffnet, schüttelt Kopf macht eine abwehrende Bewegung):
Da geht nur fort.

Theater, Spiele, Lieder – Kreativer Zugang zur Weihnachtszeit

Josef: Oh Freund, wohin, wo aus?

Mann: Zum Stalle dort.

Maria: Geh Josef du voraus. Oh mein Kind nach Gottes Willen musst du schon die Armut fühlen!

Mann: Jetzt packt euch fort.

Josef: Oh das sind harte Wort.

Mann: Zum Stalle dort.

Maria: Oh, gar ein schlechter Ort.

Mann: Ei der Ort ist gut für euch, ihr braucht nicht viel! Da geht nur gleich.

Sprecher
Josef betrat den Stall. Schob Stroh und Heu zusammen, richtete auf der Erde ein Bett, nahm seinen Umhang ab und breitete ihn als Lager für Maria, seine Frau vor. Dann räumte er alles zur Seite, was er nicht gebrauchen konnte, schaute sich um, entdeckte die leere Futterkrippe, säuberte sie, füllte sie mit weichem duftendem Heu und stellte sie nahe Marias Lager. Und es dauerte nicht lange, da wurde das Kind geboren. Maria wickelte es in Windeln und legte es in die Krippe, denn sie hatten keine andere Herberge gefunden.

4 Theater, Spiele, Lieder – Kreativer Zugang zur Weihnachtszeit

Vom Mann, der Feuer holen ging

Für Schüler, Eltern und Lehrer
Weihnachtliches Spiel nach einer Legende von Selma Lagerlöf. Sie war eine volkstümliche, gläubige, schwedische Dichterin und lebte von 1858 bis 1940.

Dauer: 20 Minuten

Inhalt: Zu den Hirten stößt mitten in der Nacht ein Fremder, der mit bloßen Händen Feuer holt, um seine Frau und sein Kind zu wärmen. Ein alter verbitterter Hirte findet damit seinen inneren Frieden und erfährt hautnah Barmherzigkeit.

Gruppengröße: Kleine Gruppe. Rollen können aber auf weitere Hirten verteilt werden.

Darsteller: Hirten, ein Erzähler, Ein Mann.

Kostüme: Hirten mit Jacken, Hut, Hirtenstäbe; Mann mit Mantel

Sonstiges: Aus Krepp Papier mit einer darin versteckten Taschenlampe ein Feuer darstellen

Tipp: Auch als Schattenspiel oder Hörspiel geeignet

Hirten stehen im Hintergrund. Erzähler tritt auf und liest vor.

Erzähler
Es war einmal ein Mann, der zog in die dunkle Nacht hinaus, um sich Feuer zu leihen, denn seines war ihm ausgegangen. Er klopfte an die Türen und rief: „Ihr lieben Leute, helft mir. Mein Weib hat soeben ein Kind geboren, mein Feuer kann ich nicht anzünden und es ist kalt. Leiht mir etwas von eurer Glut." Doch die Menschen schliefen tief und fest. Plötzlich entdeckte er weit in der Ferne einen hellen Feuerschein. „Dort muss es Feuer geben. Da gehe ich hin.", sprach er. Er lief auf das Licht zu, sah, dass es ein Feuer im Freien war und Schafe um das Feuer lagerten. Die Schafe schliefen, nur ein alter, einsamer Hirte wachte über die Herde. Als er nahe genug war, entdeckte er, dass bei den Schafen Hirten lagen, die schliefen, denn es war eine ruhige, sternenlose Nacht. Plötzlich regten sich die Hirten, standen auf näherten sich dem Feuer und setzten sich ans Feuer.

Simon
Was ist dies für eine kalte Nacht, Bruder Jakob.

Jakob
Kein Stern steht am Himmelszelt, kein Stern blickt auf unsere Welt

Dan, ein Hirtenjunge
Gut das wir unser helles Feuer haben. Hört ihr es knistern? Und wie die Funken sprühen.

Jakob
Dein Feuer sieht aber nicht danach aus, als ob es die ganze Nacht brennen würde. Diese Nacht ist bitterkalt und wir haben wohl zu wenig Feuerholz gesammelt.

Dan
Schaut, wie mächtig die Glut ist. Wie ein Feuerrose auf kahlem Felsen. Wie ein lodernder Stern, der vom Himmel herabgefahren ist, mitten in unsere Herde.

4 Theater, Spiele, Lieder – Kreativer Zugang zur Weihnachtszeit

Jakob
Die Tiere schlafen Rücken an Rücken, sie liegen wie eine Mauer um uns herum. Und wir haben kein Brot und Wasser mehr und wäre jemand in Not und unterwegs, könnten wir ihm nichts anbieten.

Simon
Ein Landstreicher hier? Ausgeschlossen. Unsere Hunde würden jeden Wolf vertreiben, das haben sie schon so oft bewiesen. Doch Hunde können keine schwarzen und dunklen Gedanken vertreiben.

Dan
Vater Jona ist alt und einsam und hat den Glauben an die Welt verloren. Was haben wir für ein starkes Hirtenfeuer. Würde ein Engel über uns hinweg fliegen, er sähe nichts als einen winzigen Funken.

Simon
Ein Engel, Ohm Jona? Sagtest du nicht, dass er in Lichtgewand, ein Schwert in der Hand, in den Wolken steht? Sieht jemand von euch hier irgendwo einen Engel?

Jona, ein alter Hirte
Ich steh in der Dunkelheit allein. Ich weiß, Engel können brennen wie ein Feuer. Ich bleibe lieber in der Dunkelheit, in der Kälte und Wärme mir nicht die Hände am Feuer, wer sich seine Hände einmal verbrannt hat, der hütet sich vor Feuer. Und dann schlägt die Flamme ins Stroh und die Hütten verbrennen.

Dan
Du meinst, wenn Krieg ist? Schau in die Nacht, ist sie nicht still? Kein Hund bellt. Kein Schaf blökt. Nicht einmal der Hahn dort drüben in unserem Dorf ist wach. Eine stillere Nacht ist mir niemals begegnet.

Jona (hebt lauschend die Hand)
Ich hör die Stille schreien. Das Stöhnen der Männer, die verbluten. Das Weinen der Frauen, die verlassen sind. Da Jammern der hungrigen Kinder, weil Feuer vom Himmel fällt.

Dan
Ich sehe aber kein Feuer das vom Himmel fällt, nur unser Hirtenfeuer, an dem wir sitzen. Überall sitzen Menschen um ein Feuer, wärmen sich die Hände und träumen davon, dass Friede über dem Land liegt. Woher sollten sie so schreckliches Feuer haben?

Jona
In ihren Herzen. Das begreifst du, wenn du die Menschen kennenlernst. In den Menschen ist Hass. Die Furcht wird über sie kommen und sie werden Tränen säen und Tränen ernten.

Dan
Und du, Vater Jona? Hast du auch Feuer in deinem Herzen?

Jona
Ich habe kein Feuer mehr in meinem Herzen, ich habe es in mir ausgelöscht. Ich bin kalt geworden und hart. Mich berührt kein Auge, das weint und ich sehe keine Hand, die um etwas bittet und Menschenworte können nicht helfen. Ich bin blind und taub geworden gegen das Elend der Menschen. Ich hasse die Welt.

Theater, Spiele, Lieder – Kreativer Zugang zur Weihnachtszeit

Dan (blickt in die Ferne)
Dort kommt ein Mann über das Feld gelaufen. Ich denke es ist ein Lämmerdieb, denn nur Gesindel ist in so einer Nacht unterwegs oder einer, der Hilfe sucht. Oh er kommt näher, gerade auf uns zu.

Simon
Der soll sich aber in Acht nehmen, die Hunde werden ihn packen. Sie haben ihn schon gewittert. Ihre scharfen Zähne funkeln im Dunklen, sie werden sich auf den Mann stürzen.

Jakob
Seltsam, die Hunde schlagen nicht an und bellen! Aber sie rennen auf ihn zu. Sie zerren an seinem Bein und schnappen nach seiner Hand. Pfeife sie zurück.

Simon
Der Mann hat Mut, er geht einfach weiter, als könnten ihm die Hunde nichts tun. Schaut, die Hunde weichen zurück. Und kein Laut ist zu hören.

Dan
Es ist sicher ein Fremder, der sich verirrt hat. Er hat unser Feuer entdeckt. Vater Jona, siehst du das? Was ist das?

Jona
Er wird uns nicht erreichen können, denn unsere Schafe bilden einen Ring, wie eine Mauer. Aber was ist das? Der Mann geht einfach über den Rücken der Schafe. (Und nach einer Pause) Und keines der Schafe wacht dabei auf! Sie spüren nicht seine Füße. Keines regt sich.

Jakob
Ja hat man denn so etwas schon einmal gesehen? Ein Mensch geht über die Rücken der Schafe. Nach einer kurzen Pause des Erstaunens: Da ist er ja!

(Josef tritt auf, geht langsam durch die Gangmitte zu den Hirten auf der Bühne.)

Simon: Wer bist du?

Josef (von weitem): Ich bin ein Mann in der Nacht.

Jona (stellt sich vor das Feuer und die Hirten)
Halt, hier führt kein Weg vorbei. Hast du die Hunde und die Schafe überwunden – mich überwindest du jedoch nicht.

Dan
Lass ihn doch, Vater Jona. Vielleicht hat er Hunger, Durst oder hat er sich verlaufen?

Jona
Dann soll er Blinde und Taube befragen, aber nicht uns!

Dan
Soll er dich fragen?

Jona (erschrickt)
Ich weiß keinen anderen Weg als Flucht. Diesen Weg werde ich ihm zeigen.

(Josef hat fast die Hirten erreicht und geht unbeirrt weiter.)

4 Theater, Spiele, Lieder – Kreativer Zugang zur Weihnachtszeit

Simon
Wende dich um Fremder und kehre um. Fliehe! Sonst bist du ein Mann des Todes! Bleib stehen! (Nach einer kleinen Pause) Er bleibt nicht stehen, oh, er kommt unbeirrt näher.

Jona (ruft)
Halt! Oder ich durchbohre dich mit meinem Speer. Er erhebt ihn, er fällt ihm aus der Hand.

Dan (läuft zu ihm hin)
Vater, Jona, was ist mit dir? Warum ist dein Speer heruntergefallen? Oh, du zitterst ja am ganzen Körper. Was ist mit dir?

Jona (weicht vor dem Fremden zurück)
Ich konnte den Stab nicht schleudern. Er fiel mir einfach aus der Hand! Gib ihn mir, damit ich mich auf ihn stützen kann. (Dan hebt den Stab auf und gibt ihn Jona zurück. Jona schaut dem Fremden ins Gesicht und ruft) Was willst du hier?

Josef (hat die Hirten und das Feuer erreicht)
Guter Freund, hilf mir, leih mir ein wenig von deinem Feuer. Mein Weib hat soeben ein Kind geboren, ich muss Feuer machen, damit ich sie und das Kind wärmen kann.

Jona (nach einigem Zögern und Nachdenken)
Was hast du bei dir, um das Feuer nach Hause zu tragen? Deine Hände sind leer! Du hast keinen Krug oder Eisenpfanne bei dir?

Josef
Ich habe nichts bei mir, guter Freund. Keine Schaufel, keine Pfanne. Nur diesen Mantel, den ich trage. Und meine Hände.

Jona (geringschätzend)
Na gut, dann nimm doch deine Hände, um das Feuer zu tragen!

Josef (tritt ans Feuer, greift hinein und legt die Glut auf den Mantel)

Dan (schaut entsetzt zu, was sich abspielt)
Der Mann greift mit seinen Händen in die Glut und legt sie in seinen Mantel? Die Glut verbrennt ihm nicht seine Hände! Der Mantel fängt kein Feuer! Er macht dies mit einer Leichtigkeit als ob er Kastanien aus dem Feuer hole.

(Josef steht mit dem Rücken zum Publikum. Jona bedeckt sein Gesicht mit den Händen. Die Hirten stehen erstarrt und halten sich Augen, Mund zu, schlagen die Hände vor das Gesicht.)

Simon (spricht entsetzt und geschockt)
Feuer in den Händen? Feuer im Mantel? Und nichts brennt!

(Josef dreht sich langsam um und schaut das Publikum an. Dann macht er einige Schritte, bleibt stehen, wendet sich Jona zu.)

Josef
Ich danke dir Bruder. Wendet sich ab und will weitergehen.

Seite 59

Theater, Spiele, Lieder – Kreativer Zugang zur Weihnachtszeit

Jona (lässt sein Arme sinken, ruft leise, ungläubig)
Bleib. Sag mir, wer bist du? – Sag es mir!

Josef: Ich bin ein Mann in der Nacht.

Jona
Was ist dies für eine Nacht, in der die Hunde nicht beißen, die Schafe nicht erschrecken und meine Lanze nicht fliegt? Woher kommt es, dass alle Dinge dir, oh Fremder, Barmherzigkeit zeigen? Josef schweigt. Sag mir Fremder, wer bist du?!

Josef: Ein Mann, der Feuer holen ging für das Kind.

Jona
Was ist das für ein Feuer, das uns nicht verbrennt? Warum hast du keine Furcht davor?
(Nachdenklich) Ist das alles ausgelöscht: Furcht, Hass, Tränen?
(Nach einer Pause) Für ein Kind, sagst du? Was ist das für ein Kind?

Josef: Ich kann es dir nicht sagen, wenn du es selber nicht siehst.

Jona (ungläubig) Sehen? Ich soll es sehen? Ich soll das Kind sehen?

Josef: Ja Bruder, du kannst es sehen, sehen mit deinem Herzen.

Jona (schweigt zuerst)
Bruder, sagtest du zu mir? Ich kenne dich nicht. Bruder? (und sehr zögernd) Können wir Menschen denn Brüder sein? (und nach einigen Sekunden laut und fordernd, aber sehr erstaunt) Können wir Menschen wirklich Brüder sein und Hass, Missgunst, Streit und Krieg verhindern? Können wir wirklich Brüder sein und Frieden auf Erden haben?

Josef
Komm mit Jona. Ich bringe dich zu dem Kind.
(Josef geht voran, ihm folgen Jonas und die restlichen Hirten)

Erzähler
Und die Hirten gingen ihm nach, bis sie dorthin kamen, wo der Fremde daheim war. Da sah der Hirte, dass der Mann nicht einmal eine Hütte besaß um darin zu wohnen, sondern dass sein Weib in einer Berggrotte lag, wo es nichts gab als kalte, nackte Steinwände.

Aber der Hirte dachte, dass das arme unschuldige Kind dort in der Grotte erfrieren würde und obwohl er ein harter Mann war, wurde er doch davon ergriffen und er beschloss, dem Kind zu helfen. Er löste sein Bündel von der Schulter und nahm daraus ein weiches, weißes Schaffell. Das reichte er dem fremden Mann und sagte, er möge das Kind darin betten.

Aber in demselben Augenblick, indem er zeigte, dass auch er barmherzig sein konnte, wurden ihm die Augen geöffnet und er sah, was er zuvor nicht mehr gesehen hatte und hörte was er zuvor nicht mehr gehört hatte. Er sah, dass rund um ihn ein Kreis von Engeln stand und alle sangen mit lauter Stimme, dass in dieser Nacht der Heiland geboren wäre, der die Welt von ihren Sünden erlösen würde.

Da begriff er, dass in diese Nacht alle Dinge so froh waren, dass sie niemand etwas zuleide tun wollten. Und auch er wurde so froh, dass seine Augen und sein Herz geöffnet wurden, dass er auf seine Knie sank und Gott dankte.

Tipp: Zu Beginn und am Ende ein Musikstück hören oder ein Lied singen.

4 Theater, Spiele, Lieder – Kreativer Zugang zur Weihnachtszeit

Spiel: Gesprächsrunde und die fünfte Kerze am Adventskranz

Dauer: 20 Minuten

Inhalt: Fünf Kerzen berichten über ihre Aufgaben und erfahren weitere Unterstützung.

Gruppengröße: mindestens 16 Kinder

Mitspieler: 5 Kerzenkinder, Erzähler oder Gesprächsleiter, Berichterstatter aus aller Welt

Sonstiges: 5 größere Kerzen, Streichhölzer

Der Sprecher/Erzähler liest die passenden Bibeltexte Schritt für Schritt, abschnittsweise vor.

<u>Brainstorming</u>
- Was bedeuten bestimmte Figuren der Weihnachtsgeschichte für uns heute?
- Was symbolisieren die vier Adventskerzen?
- Was war und ist die Rolle der Hirten damals und heute?
- Wer waren die Weisen aus dem Morgenland?
- Jede Form, Zusammenstellung, Kombination ist möglich?
- Gestaltung, Texte, Darbietung, Meinungen, Ideen durch und mit den Kindern erarbeiten

Die vier Adventskerzen

Erzähler
Heute werden uns die vier Lichter auf der Straße nach Weihnachten begegnen und uns berichten, wofür sie stehen und was sie uns modernen Menschen heute noch zu sagen haben. Wie wir alle wissen, symbolisieren sie die vier Adventssonntage bis zur Ankunft der Geburt Jesu. Licht ist Leben, Kerzenlicht verbreitet Wohlgefühl und Gemeinschaft und Jesus brachte durch seine Geburt das Licht in die Welt. Doch was es mit der fünften Kerze auf sich hat, erfahren wir in dieser Geschichte. Was möchte uns jede Kerze sagen, signalisieren?

Hinweis
Jede Kerze tritt einzeln und nacheinander auf und steht oder setzt sich im Halbkreis. Hinzu kommen jeweils die Berichterstatter aus aller Welt. So bilden sich rechts und links je zwei Gruppen. Dazwischen wird die fünfte Kerze ihren Platz einnehmen.

Die erste Kerze
Ich bin die erste Kerze am Adventskranz, das erste Licht auf der Straße nach Weihnachten. Ich stehe für die Liebe und den Frieden und wehre mich gegen Hass, Streit, Missgunst und Neid. Ich stehe für die Liebe der Menschen untereinander in den Familien, in der Schule, am Arbeitsplatz unter den Nachbarn und Völkern. Ich stehe für Gemeinschaft, gleichgültig, welcher Religion oder welchem Volk, Land, Kultur oder Staat jemand angehört. Ich stehe auch für Fürsorge, gegenseitige Wertschätzung, Mitleid in der Familie, für Menschen am Rande der Gesellschaft, für Ausgeschlossene oder Ausgestoßene bei uns und anderswo.

Die zweite Kerze
Ich stehe für Gerechtigkeit, gegenseitige Achtung, Toleranz und Wertschätzung eines jeden Lebewesens. Gerechtigkeit ist für jeden anders, auch die Gerichte und die daraus entstehenden Urteile werten unterschiedlich, denn Gerechtigkeit ist nicht nur eine Recherche von Tatsachen, sondern berührt unser Inneres, unsere Werte, Gefühle, Weltansichten. Toleranz bedeutet für mich, den anderen so annehmen wie er ist, ihm eine Tür öffnen, durch die er gehen kann aber nicht muss und jeder hat das Recht seine eigene Identität beizubehalten, ohne sie aufzugeben, aber er sollte sie der augenblicklichen Lage und Lebenssituation anzupassen.

4 Theater, Spiele, Lieder – Kreativer Zugang zur Weihnachtszeit

Die dritte Kerze
Ich stehe für Frieden der Menschen und Völker untereinander. Ich möchte Brücken bauen und einen Regenbogen der Begegnungen setzen. Ich wünsche mir, dass wir uns gegenseitig wieder zuhören und über unseren eigenen Tellerrand blicken. Es ist nicht immer leicht, seine eigenen Scheuklappen abzulegen, sich in den anderen hineinversetzen, mit seinen Schuhen die Welt zu durchlaufen. Inklusion und Integration bedeutet für mich auf eine andere Gruppe, wie Migrationsfamilien und Flüchtlingen, die außerhalb stehen, ihre eigene Gruppe als Parallelgesellschaft bilden, zuzugehen. Gemeinsam entdecken, was uns eint und nicht zu bejammern, was uns in einer offenen Gesellschaft trennt. Integration bedeutet für mich, Menschen, die ihre Wurzeln in aller Welt haben, herein zu bitten. Dazu müssen sie auch die Bereitschaft signalisieren und zeigen, dass sie sich bei uns wohl fühlen und dazugehören wollen, mit allen Rechten und Pflichten. Inklusion bedeutet für mich, jeden hier willkommen zu heißen, um ihm seinen gewünschten Platz in unserer Gesellschaft anzubieten, sodass er ein Mitglied in unserer bunten Gesellschaft als Bereicherung wird. Er ist ein wichtiges, individuelles Rädchen. Dies ist keine Einbahnstraße, sondern beruht auf gegenseitigem Geben und Nehmen im gesellschaftlichen Gesamtwerk unseres Landes. Ich wünsche mir, dass diese Möglichkeiten immer mehr ins Zentrum rücken.

Ich bin die vierte Kerze
Ich stehe für Hoffnung, Freude bereiten, den anderen wertschätzen und sich helfend zur Seite stellen. Ich wünsche mir, dass wir hinschauen und nicht wegschauen. Ich wünsche mir, dass wir aufeinander zugehen und füreinander Verantwortung übernehmen. Dass die Jungen für die Alten da sind, die Gesunden die Kranken einbinden und Behinderte und Nichtbehinderte immer weniger zu unterscheiden sind. Denn sind wir nicht alle in irgendeiner Weise „nicht perfekt" oder den sich wandelnden Normen angepasst? Ach ja, wer schreibt uns vor, zu welcher Kategorie der Einzelne zugeordnet wird oder in welche Schublade er gesteckt und verwahrt wird?

Alle vier Kerzenträger
Und welches Licht bist du? Wir sind doch schon die vier Kerzen des Advents! Du bist hier nicht vorgesehen! Und warum brennst du nicht?

Ich bin das fünfte Licht. Das Zukunftslicht und deshalb nicht angezündet.
Ich stehe für Hoffnung, denn Jesus brachte Hoffnung in die Welt. Hoffnung dürfen wir nie aufgeben, sie begleitet jeden durch sein persönliches Leben. Hoffnung ist so groß und weit, wie das funkelnde Sternenzelt in der Nacht, wie die Sandkörner am Meeresstand, wie die Blumen auf einer Wiese, wie die Träume, die jeder Mensch hat. Hoffen darf und muss der Mensch, ohne ihn verliert er seinen Mut und seine Lebenskraft, also das, was ihn jeden Tag antreibt Die Hoffnung stirbt zuletzt und nicht jede Hoffnung wird sich erfüllen. Dazu brauchen wir Menschen, die uns annehmen, begleiten, beistehen, trösten, in die Arme nehmen, uns wertschätzen, achten und lieben.

- Das Hoffnungslicht wird erst am Ende durch die vier anderen Kerzenträger gemeinsam entzündet. Jede Kerze formuliert noch einmal ihr zentrales Anliegen
- Ich bin die erste Kerze, ich stehe für die Liebe und den Frieden usw.

Tipp:
Zu jedem Kerzenlicht und Erzähler berichten 2-3 Kinder, Erwachsene, Pädagogen: Ich komme aus ... Indien, wir leben dort ... für uns ist wichtig ... Ich bitte euch hier um mehr ... Verständnis, Akzeptanz, Wärme, Spenden für uns, Technologie ...

Musiktipp:
Dazwischen weihnachtliche Musik einspielen. Alternativ Flötenmusik, Panmusikstück, Schulorchester oder ein Lied singen.

4 Theater, Spiele, Lieder – Kreativer Zugang zur Weihnachtszeit

Spiel: Michael und Berkant begegnen Weihnachten

Kirche und Mosche in einem, Zypern, Famagusta
St. Nikolaus Kathedrale

Vorbemerkung
Bereits in der Grundschule und im Religionsunterricht begegnen sich andere Religionsformen. Christentum und Islam zählen zu den größten Religionsgemeinschaften.

- Religionen betreffen Menschen aller Kulturen und beeinflussen deren Lebensumstände.
- In vielen Religionen finden wir Gemeinsamkeiten.
- mit gemeinsamen Glaubensgeschichten und gemeinsamen Wurzeln
- Alle Religionen besitzen ihr eigenes Profil.
- Christentum und Islam zählen zu den Weltreligionen.
- Konfession übergreifend werden Schüler mit den Weltreligionen im Unterricht vertraut.
- Kinder neugierig machen auf die Religionen dieser Welt.
- Religionen achten, diese durch die Augen des Anderen sehen und erleben.
- Vorurteile hinterfragen, aufeinander zugehen, Toleranz und gegenseitige Achtung trainieren

Im Wechsel

Michael: Christentum	und Berkant: Islam
Christentum seit 2000 Jahren	Islam seit 610 nach Christi
Verfasst ca. 200 Jahre nach Jesu Tod	Verfasst ca. im Jahre 870
Von Anhänger, Apostel Jesu	Diktiert von Mohammed selbst
Jesus, Sohn Gottes	Jesus wird im Koran als Prophet beschrieben
Jesus ist Sohn Gottes	Mohammed ist Mensch
Kirche als Religionshaus	Moschee als Gotteshaus
Christentum	Islam
Bibel	Koran
Sie erzählt Gleichnisse, Geschehenes	Prophet überbringt Gottes Botschaft
Es kommen Engel als Botschafter Gottes vor	Auch im Koran gibt es Engel
Ziel: Nächstenliebe, gute Taten	Dienst an Gemeinde, soziale Gerechtigkeit
Persönliche Erlösung durch Jesu	Gott anerkennen und seine Gebote halten
10 Gebote als Lebensgrundlage	Ebenso, mit Abweichungen
Leben nach dem Tod: Auferstehung	Gott als Richter entscheidet über Aufnahme im Paradies, nach vollendeter Buße
Glaube: Persönliche Erlösung durch Jesu	Gott anerkennen, seine Gebote einhalten

Im Unterricht mit Schülern der Klassen 3-5 erarbeitet und erprobt

Dauer: 20 Minuten

Inhalt: Auf den Spuren der Weihnachtsbotschaft.

Gruppengröße: Große Gruppe, beliebig viele Mitspieler

Darsteller: Maria, Josef, Hirten, Soldaten, König, Sänftenträger, Reporter, Wache, Geheimdienst, viele Menschen

Kostüme: Hüte, Mäntel, Taschen, Krone, Gewehre, Hirtenstäbe, Puppe, Kerzen

Bühnenbild: Strohballen zum Sitzen in der Kirche (Treppenstufen)

Sonstiges: Kerzen für alle Zuschauer, Streichhölzer, Strohballen zum Sitzen. Bibel

Zeitfenster: Damals und heute miteinander verwoben.

4 Theater, Spiele, Lieder – Kreativer Zugang zur Weihnachtszeit

Teil 1: Ein deutsches und ein türkisches Kind sprechen über Weihnachten

Berkant
Ihr feiert Weihnachten, was ist das eigentlich? Ist das so wie unser Zuckerfest das wir feiern, wenn die Fastenzeit, unser Ramadan beendet wird?

Michael
Wir feiern die Geburt Jesu. Er kam auf die Erde um Frieden in die Welt zu bringen, er erlöst uns von dem Bösen und er hat unser Christentum begründet.

Berkant
Ah Jesu, den kenne ich, der kommt bei uns im Koran als Prophet vor.

Michael
Soll ich dir die Weihnachtsgeschichte vorlesen? (Text: Lukas 2 Vers 1-20)

Berkant
Euer Gott heißt Jesu, unserer Mohammed. Bei euch nennt man das Heilige Buch Bibel, bei uns Koran.

Michael
Komm mit, da drüben ist ein Menschenauflauf, lass uns sehen, was los ist.
(Beide gehen auf eine Bühnenseite)

Teil 2

Maria und Josef treten auf. Viele Menschen hasten durcheinander, manche sitzen auf der Erde, andere hören mit Kopfhörer Musik und bewegen sich dazu. Wieder andere tragen Koffer, packen ihren Rucksack aus oder schleppen Einkaufstaschen mit sich.

Maria: Josef, ich kann nicht mehr, ich glaube, meine Wehen setzen ein, wir brauchen dringend eine Unterkunft.

Josef (bahnt sich mit Maria einen Weg durch die Menschen): Macht etwas Platz, meine Frau Maria ist hochschwanger und bekommt bald unser Kind.

Frau: Ah, das ist deine Frau Maria? Du musst keine Angst vor der Geburt haben, ich habe schon vielen Kindern auf die Welt geholfen, ich bin Hebamme. Komm mit, ich helfe euch. (Gehen etwas)

Josef: Das ist echt nett, ich lege eine Decke auf das Heu, dann kann Maria sich ausruhen.

(Eine Peitsche knallt, Vier Träger tragen eine Sänfte auf der ein König sitzt. Sie halten vor den Menschen an, die Zuschauer applaudieren)

Zuschauer: Hoch lebe König Herodes. (Er winkt ihnen gnädig zu und ruft „Danke")

Reporter (tauchen auf, drängeln, machen Fotos, geben Kommentare):
„Bitte lächeln. Ihre Majestät. Schauen sie bitte noch einmal her. Würden Sie ins Volk noch einmal winken?" usw.

Theater, Spiele, Lieder – Kreativer Zugang zur Weihnachtszeit

König (steigt ab, da klingelt sein Handy. Er nimmt ab:)
„Hier König Herodes" (dann lauscht er erschrocken) „Wie – was – nein, das glaube ich nicht. Sind Sie sicher. Wo? In Bethlehem? Ein neuer König sei geboren. Das kann nicht sein! Ich mach euch alle einen Kopf kürzer. Lass sie sofort verhaften und einsperren. Ich komme sofort. Unglaublich, einfach unglaublich."

König (steigt in seine Sänfte und ruft die Träger. Leise verärgert)
Das war mein Geheimdienst.

(Drei Männer mit schwarzem Mantel, Hut, Sonnenbrillen treten auf, laufen auf den König zu)

Einer: Majestät erlauben Sie uns eine Frage?

König: Wer sind Sie? Können Sie sich ausweisen?

Der Zweite
Wir sind in Geldgeschäften international tätig. Hier unser Ausweis. Wir finanzieren so ziemlich alles: Krieg, Umsturz, Wiederaufbau, Flüchtlingshilfe, Kriegsflotten, Widerstand.

Der Dritte
Hier in der Nähe wurde ein König geboren. Er will Ihnen Ihre Macht und das Königreich streitig machen. Das müssen Sie verhindern, mit allen Mitteln.

Alle drei leise
Wir können Ihnen unseren Dienst anbieten, wir sind sehr mächtig und einflussreich.

König: Ja, ich habe von diesem seltsamen Gerücht gehört, na und?

Drei Männer: Und wo finden wir den neu geborenen König? In Ihrem Palast in Jerusalem?

König
Nein, dort in Bethlehem. Immer geradeaus, dann links, dann rechts und dann ist es nicht mehr weit. Sie können es nicht verfehlen.

Drei Männer: Dann ist es also doch wahr und kein Gerücht!

Reporter: Los, beeilt euch, wir wollen die ersten sein die weltweit darüber berichten.

(Sie laufen in die angedeutete Richtung davon. Auch die Sänftenträger mit dem König entfernen sich)

Teil 3
(Mehrere Kinder treten auf, während sich alle anderen Mitspieler seitlich auf die Strohballen setzen. Dort nehmen sie die vorbereiteten Lichter in Gläser, die sie anzünden.)

(Berkant und Michael treten von der Seite her auf)

Berkant: Siehst Du die vielen Lichter dort drüben? Was machen die denn dort?

Michael: Jesus wurde geboren, das ist unsere Weihnachtsgeschichte, die da passiert.

Theater, Spiele, Lieder – Kreativer Zugang zur Weihnachtszeit

Berkant: Die ist noch nicht zu Ende, sie geht noch weiter, glaube ich, da kommt ein König.

Michael: Ich weiß, die Geschichte ist noch lange nicht erzählt.

König (kommt wütend herein)
Verhaften. Man muss sie verhaften. Das lass ich mir nicht bieten. Denen versalze ich die Suppe, denen mach ich einen gewaltigen Strich durch ihre Rechnung. Nicht mit mir! Wache!"

Vier Wachposten (treten mit Gewehren auf): Chef, wir sind da. Wie lautet Ihr Auftrag?

König
Tötet alle Buben, die in den letzten beiden Jahren, bis heute, in Bethlehem geboren wurden. Bringt sie um. Sofort. Auf der Stelle, keine Widerrede. Euer König erwartet absoluten Gehorsam!

Erste Wache: Verstanden, Majestät. Befehl wird ausgeführt. Auf nach Bethlehem.

Zweite Wache: Nehmt eure Waffen mit. Lasst euch von dem Gejammer der Mütter und Väter nicht aus der Ruhe bringen.

Dritte Wache: Los, beeilt euch, sonst werden wir einen Kopf kürzer gemacht, wenn wir nicht sofort den Befehl ausführen! Und keine Gnade!

Vierte Wache: Wir brauchen uns keine Gewissensbisse machen. Wir sind ja nur Soldaten und haben die Befehle unseres Herrschers ohne wenn und aber auszuführen. Sie gehen geknickt und nach vorne gebeugt zwischen den Mitspielern auf den Strohballen ab.

Teil 4

Maria: Josef, wir müssen flüchten, sie werden uns suchen und auch unseren Sohn töten.

Josef: Ich weiß es ja, der Engel hat mich heute Nacht im Traum gewarnt. Sei ganz leise!

Maria: Schau Josef, unser Kind lächelt dich an. Nimm es. Wiege es hin und her. (Er nimmt die Puppe, wiegt sie in den Armen.)

Josef: Es ist eine Nacht voller Wunder. Wir sind in Gottes Hand. Hab keine Angst. Du hast seinen Sohn geboren, uns wird nichts geschehen.

(Auf der anderen Seite treten die Hirten auf. Sie recken sich, breiten Decken aus und legen sich hin.)

Erster Hirte: Da, was ist denn das? He, wacht auf! Da kommt ein großer weißer Vogel angeflogen. Mitten in der Nacht?!

Zweite Hirte: Du spinnst, nachts fliegen keine weißen Vögel herum!

Dritter Hirte: Lass den Quatsch, leg dich hin und schlafe weiter.

4 Theater, Spiele, Lieder – Kreativer Zugang zur Weihnachtszeit

Vierter Hirte: Ich glaube, du hast du viel getrunken, schlafe erst mal deinen Rausch aus.

Erster Hirte: Ich spinn doch nicht, da sind wirklich weiße Vögel die näher kommen.

Drei andere Hirten: Da sind wirklich Vögel. Sie kommen näher. Sie werden größer.

Drei weitere Hirten: Au weia, die stürzen ab!

Erster Hirte: Wow, die sind ja gelandet. Mitten in der Nacht. Bei uns.

Sechster Hirte: Psst, seid still, die können ja reden! Ich fasse es nicht. Das glaubt uns niemand.

Erster Hirte: Schaut in den Himmel: Sie sagen, wir sollen uns nicht fürchten!

Zweiter Hirte: Und wir sollen keine Angst vor ihnen haben. Seltsam!

Dritter Hirte: Heute Nacht wurde ein neuer König geboren, ganz in unserer Nähe.

Vierter Hirte: Und er soll uns erlösen? Das verstehe ich nicht.

Fünfter Hirte: Wir sollen nach Bethlehem eilen, dort finden wir den neugeborenen König.

Sechster Hirte: Du, das sind aber keine Vögel, ich glaube, das sind Engelswesen.

Erste Hirte: Ja, ich sehe die Lichter. Nein, das sind keine Sterne am nachtdunklen Himmel.

Weitere Hirten: Da ist noch ein Licht. Ein Stern! Er bewegt sich, folgen wir ihm.

Alle Hirten: Kommt mit, auf nach Bethlehem und die Geschichte sehen, die da geschehen ist. (Hirten gehen ab.)

Berkant: Engel gibt es auch bei uns. (Nachdenklich) Jetzt weiß ich, warum ihr Weihnachten feiert!

Michael: Ja. Und wir spielen diese Geschichte, die damals vor 2000 Jahren geschehen ist.

Berkant (nachdenklich): Und bei uns wird auch von Jesus und Engel berichtet, wie bei euch!

Michael: Vielleicht bist du das nächste Mal mit einem Spiel und der Geschichte über Mohammed dabei. Das würde mich schon interessieren. Was meinst du?

Berkant: Ja, gerne. Dann erzähle ich dir unsere Geschichte. Und dann können wir vergleichen. Wie es bei uns und bei euch gespielt wird.

Michael: Dann lernen wir voneinander und können uns besser verstehen.

Berkant: Klar, wir sind ja Freunde und Freunde verstehen sich überall in der Welt.

4 Theater, Spiele, Lieder – Kreativer Zugang zur Weihnachtszeit

Michael und Berkant
Freundschaft ist wichtig. Religion ist wichtig. Auf beides wollen und können wir nicht verzichten.

(In Deutsch: Und Kommen Sie gut nach Hause. Und auf Türkisch ...)

Alle Mitspieler stehen auf, nehmen ihre Lichter in die Hand und gehen auf die Zuschauer zu. Diese nehmen ihre vorbereiteten Kerzen und die Lichter werden durch die Darsteller angezündet, bis alle ihr warmes Licht ausstrahlen.

Tipps:
- Mit einem gemeinsamen Lied oder einem Musikstück wird die Aufführung beendet.
- In den Sprachen der Welt verabschieden sich die Schauspieler und wünschen Frohe Weihnachten.
- Jeder darf mit seiner brennenden Kerze nach Hause gehen.

Theater, Spiele, Lieder – Kreativer Zugang zur Weihnachtszeit

Schattenspiele mit Texten und Spielfiguren: Peter und der Wolf

Musikalisches Märchen von Sergej Prokofjew

Sergej Prokofjew: (geb. 23.4.1891 in der Ukraine, gest. am 5.3.1953 in Moskau)

Mit diesem sinfonischen Märchen, nicht nur für Kinder, schuf er eine bis heute sehr populäre, neuartige musikalische Komposition mit wunderschönen Klangbildern anhand einer kleinen Geschichte, die noch immer ein Unterrichtsthema ist; und das weltweit. Musik, Stimme und Bilder verschmelzen ineinander und machen dieses Märchen so einmalig. Musik und Text entstanden 1936 im zentralen Kindertheater in Moskau. Ziel war es, Kindern ein Sinfonieorchester nahe zu bringen.

Die Handlung von „Peter und der Wolf" wird von einem Sprecher gestaltet. Sprache wird nun in Musik umgesetzt. Jeder Märchengestalt wird ein Instrument und Motiv zugeordnet: Streicher (Peter) – Querflöte (Vogel) – Oboe (Ente) – Fagott (Großvater) – Hörner (Wolf) – Klarinette (Katze) – Waldhörner (Jäger) – Schuss (Pauken und Trommeln).

Er schrieb auch bekannte Ballettstücke wie „Romeo und Julia" (1935) und „Aschenbrödel".

Inhalt

Peter lebt bei seinem Großvater auf dem Lande. Als er vergisst, die Gartentür zu schließen, läuft die Ente zum Teich, streitet sich mit einem Vogel und die Katze schleicht sich heran. Peter warnt den kleinen Vogel gerade noch rechtzeitig. Verärgert schließt der Großvater die Tür und warnt vor dem großen, grauen Wolf. Und dieser kommt. Blitzschnell rettet sich die Katze auf den Baum, die Ente hat keine Chance und wird vom Wolf verschluckt. Peter klettert mit einem Seil in den Baum und Mithilfe des Vogels gelingt es, den Wolf zu fangen. Die Jäger wollen den Wolf erschießen, doch gemeinsam bringen sie den gefangenen Wolf im Triumphzug in den Zoo.

Es spielen mit (als Schattenspielfiguren, Zeichnungen oder reales Kindertheater):
Haus und Baum, Großvater, Peter (gehend, im Baum sitzend) Vogel. Ente quakend und Ente fliehend. Katze sitzend und schleichender Wolf. Vier Jäger.

Medien
- Schallplatten, CD, DVD, Bilderbuch Beltz Verlag 2003. ISBN 3-407-79318-9
- Filme: Walt Disney 1946. Jazzversion 1966. Rockversion 1975.
- Loriot bearbeitete Thema, Chorbearbeitung gibt es ebenfalls. Medien gibt es dazu weltweit

Tipp: Als Vorlesegeschichte, Hörspiel mit oder ohne Musikeinspielung

4 Theater, Spiele, Lieder – Kreativer Zugang zur Weihnachtszeit

Spielanweisung und Dauer

Ohne Einführung und Instrumentenvorstellung etwa **20 Minuten**.

Musik vom Tonträger einspielen oder das Schulorchester spielt dazu. Nach jedem Textbaustein erfolgt die Musikeinspielung. Hier die Textbausteine:

Früh am Morgen öffnete Peter die Gartentür und trat hinaus auf die große grüne Wiese.

Musik

Auf einem hohen Baum saß Peters Freund, ein kleiner Vogel. „Wie still es ringsum ist", zwitscherte der Vogel fröhlich.

Musik

Aus dem Gebüsch am Zaun kam eine Ente angewatschelt. Sie freute sich, dass Peter die Gartentür offengelassen hatte und beschloss, im Teich auf der Wiese zu baden.

Musik

Als der kleine Vogel die Ente sah, flog er zu ihr hinunter, setzte sich neben sie ins Gras und plusterte sich auf. „Was bist du nur für ein Vogel, wenn du nicht fliegen kannst?" sagte sie. „Was bist du nur für ein Vogel, wenn du nicht schwimmen kannst?", erwiderte die Ente und plumpste ins Wasser.

Musik

So stritten sie lange miteinander. Die Ente schwamm auf dem Teich und der kleine Vogel hüpfte am Ufer hin und her.

Musik

Plötzlich machte Peter große Augen. Er sah die Katze durch das Gras schleichen. Der Vogel streitet sich mit der Ente, dachte die Katze, da werde ich ihn mir gleich fangen. Und lautlos schlich sie auf Samt-Pfoten näher.

Musik

„Hüte dich!" rief Peter und augenblicklich flog der Vogel auf den Baum. Die Ente, die mitten auf dem Teich schwamm, quakte die Katze böse an.

Musik

Die Katze ging um den Baum herum. Lohnt es sich so hoch hinauf zu klettern? Wenn ich oben bin, ist der Vogel doch schon weggeflogen.

Musik

Der Großvater kam heraus. Er ärgerte sich über Peter, der auf die Wiese gegangen war und die Gartenpforte offengelassen hatte. „Das ist gefährlich!", sagte er. „Wenn nun der Wolf kommt, was dann?"

Musik

4 Theater, Spiele, Lieder –
Kreativer Zugang zur Weihnachtszeit

Peter achtete nicht auf des Großvaters Worte. Jungen wie er haben doch keine Angst vor dem Wolf.

Musik

Aber der Großvater nahm Peter bei der Hand, machte die Gartenpforte zu und ging mit ihm ins Haus.

Musik

Wahrhaftig, kaum war Peter fort, da kam aus dem Wald der riesengroße, graue Wolf.

Musik

Flink kletterte die Katze auf den Baum.

Musik

Die Ente schnatterte und kam aufgeregt aus dem Wasser heraus. Aber so schnell sie auch lief, der Wolf war schneller.

Musik

Er kam näher und näher, er erreichte sie, er packte sie und verschlang sie.

Musik

Und nun sah es so aus: Auf einem Ast saß die Katze, auf dem anderen der Vogel – weit genug von der Katze.

Musik

Und der Wolf ging um den Baum herum und starrte sie mit gierigen Blicken an.

Musik

Peter stand hinter der geschlossenen Gartenpforte, sah alles, was da vorging, und hatte nicht die geringste Angst.

Musik

Er lief ins Haus, holte ein dickes Seil und kletterte auf die Gartenmauer. Ein Ast des Baumes, um den der Wolf herumlief, reckte sich über die Mauer.

Musik

Peter ergriff ihn.

Musik

Und kletterte daran geschickt hinüber.

Musik

Theater, Spiele, Lieder – Kreativer Zugang zur Weihnachtszeit

„Flieg hinab", sagte Peter zu dem kleinen Vogel, „und dem Wolf immer dicht an der Nase vorbei, aber sei vorsichtig, dass er dich nicht fängt."

Musik

Mit den Flügeln berührte der Vogel fast die Nase des Wolfes, während der Wolf wütend nach ihm schnappte.

Musik

Aber immer vergebens. Ach, wie der kleine Vogel den Wolf ärgerte und wie der Wolf ihn zu fangen versuchte! Aber der Vogel war geschickter und der Wolf konnte nichts ausrichten.

Musik

Inzwischen hatte Peter eine Schlinge gemacht und ließ sie behutsam hinunter.

Musik

Er fing den Wolf am Schwanz und zog die Schlinge zu.

Musik

Als der Wolf merkte, dass er gefangen war, sprang er wild umher und versuchte sich loszureißen.

Musik

Aber Peter hatte das Ende des Seils am Baum festgemacht.

Musik

Je wilder der Wolf umhersprang, umso fester zog sich die Schlinge um seinen Schwanz zu.

Musik

Da kamen die Jäger aus dem Wald. Sie waren dem Wolf auf der Spur und schossen mit ihren Flinten nach ihm.

Musik

„Es lohnt sich nicht mehr zu schießen.", rief Peter vom Baum herab. „Der kleine Vogel und ich haben den Wolf doch schon gefangen! Helft uns nun, ihn in den Zoo zu bringen."

Musik

Und nun stellt euch den Triumphzug vor. Peter vorneweg.

Musik

Theater, Spiele, Lieder –
Kreativer Zugang zur Weihnachtszeit

Hinter ihm die Jäger mit dem grauen Wolf.

Musik

Und am Schluss des Zuges der Großvater mit der Katze.

Musik

Der Großvater schüttelte missliebig den Kopf und sagte: „Aber wenn nun Peter den Wolf nicht gefangen hätte – was dann?"

Musik

Über ihnen flog der kleine Vogel und zwitscherte: „Seht nur, was wir beide, Peter und ich, gefangen haben!"

Musik

Und wenn man genau hinhörte, kann man die Ente im Bauch des Wolfes schnattern hören, denn der Wolf hatte sie in der Eile lebendig verschlungen.

Musik

4 Theater, Spiele, Lieder – Kreativer Zugang zur Weihnachtszeit

Weihnachtliche Spielanregungen und Aktionen

Rundreise nach Jerusalem
In der Kreismitte stehen Stühle. Es steht immer ein Stuhl weniger in der Mitte als Kinder mitmachen. Alle Kinder fassen sich an den Händen, umrunden sie singend. Läutet der Spielleiter ein Glöckchen, lassen sich alle Kinder los und setzen sich auf einen freien Stuhl. Mit jeder Runde scheidet ein Kind aus und ein Stuhl wird entfernt. Wer keinen Stuhl erwischt, scheidet aus.

Nusskönig
Becher und zehn Nüsse sammeln. Zwei Meter entfernt den Becher aufstellen. Zielen. Werfen. Wer die meisten Nüsse in seinem Behälter sammelt, wird Nusskönig.

Handschuh Memo
Alle Kinder stellen sich im Kreis auf und werfen ihre Handschuhe in die Kreismitte. Läutet der Spielleiter das Glöckchen, rennen alle zur Mitte. Wer hat zuerst beide Handschuhe an?
Mundlesen von Weihnachtlichen Begriffe
Die Kinder ziehen vorbereitete Begriffskarten wie Kerze, Adventskranz, Tannenbaum. Ein Kind/Pädagoge spricht wortlos, langsam, genau den Begriff. Wer erkennt das Lösungswort?

Gläser erklingen und Flaschen Musik
In Teams gesammelte Flaschen oder Gläser nebeneinander in gleichem Abstand auf den Tisch/Boden stellen. Die erste Flasche zu einem Viertel mit Wasser füllen. Jedes weitere Gefäß mit mehr Wasser auffüllen, bis der letzte Behälter voll ist. Mit dem Teelöffel an Gefäße anschlagen. Tonleiter abstimmen, Rhythmen, Musik experimentell erkunden.

<u>Varianten:</u> Mit feuchtem Finger über einen Glasrand reiben oder über Flaschenhals blasen.

Steinmusik
Dünne, flache Steine oder Steinplatten zusammentragen. Mit Holzklöppel anschlagen, nach Tonhöhe zu Klangkörpern sortieren und anordnen. Eine ganz besondere Musik ist erfunden.

Schlauchmusik
Mundstück von alten Flöten, Blasinstrumenten, Trichter auf ein Plastikschlauchstück aufsetzen und in Windungen legen. Hineinblasen. Unterschiedliche Klänge und Töne lassen sich durch veränderte Windungen erzeugen.

Weihnachtsquiz
Fragen und Antworten zum Buch recherchieren, sammeln, auf Karten notieren. Auf der Rückseite steht die richtige Lösung: Wie hieß der Kaiser, der die Volkszählung befahl? Wo stand die erste Glaskugelfabrik? Wer war Selma Lagerlöf? Wer bastelte den ersten Strohstern?

4 Theater, Spiele, Lieder – Kreativer Zugang zur Weihnachtszeit

Quiz mit drei vorgegeben Antworten, doch welche stimmt?
- Hieß der König, der den Kindermord in Bethlehem befahl: Herades, Herodes, Hermanis?
- Wer warnte die heilige Familie vor ihm? ein Freund, ein Soldat, ein Engel?
- Wo lebte damals der Bischof Nikolaus? in Demre, in Antalya, in Ankara?
- Wie hieß einer der bekannten Evangelisten: Martin, Marius, Markus

Nicht nur ein Weihnachtliches Teekessel-Spiel
In diesem Spiel werden als Vorbereitung Begriffe mit einer Doppelbedeutung gesammelt. Zwei Kinder beschrieben ihren Begriff nacheinander in kleinen Sätzen. Wer errät ihn zuerst? Begriffe sammeln, auf Karten notieren, ziehen lassen und zwei Schüler stellen sie in Wörtern, Gestik, Mimik dar. Es können auch Begriffe in unterschiedlicher Schreibweise eingesetzt werden. Mein Teekessel ist lebendig/nicht lebendig, ist hörbar, ist sichtbar ...

- Blume: Pflanze und Hasenschwanz
- Ton: Musikzeichen und Modelliermasse
- Lied: Musikstück und Augenlid
- Krone: Königskrone und Zahnkrone
- Datteln: Tropische Frucht und Stadt in Baden-Württemberg
- Botschaft: Gebäude Landesvertretung und Nachricht.
- Himmel: Firmament und Ort wo Verstorbene weiterleben
- Bau: Tierunterkunft und Haus für Menschen
- Tempo: Geschwindigkeit und Papiertaschentuch
- Raten: Rätsel knacken und Teilzahlung
- Gepäck, Gebäck: Reisebehälter und etwas zum Essen
- Blätter: Papier zum schreiben und Blätter an Bäumen
- Grieg: Musikkomponist und schrecklichster Streit, Auseinandersetzung
- Bote, Boote: Überbringer einer Nachricht und Wasserfahrzeuge
- Krippe, Grippe: Futterkrippe und Erkältungskrankheit
- Stern: Himmelskörper und kleiner Schauspieler
- Klee: Pflanze und berühmter Maler.

Mit dem Förster auf Pirschgang und Wildtiere füttern
Im Herbst gemeinsam Kastanien, Eicheln, Bucheckern, Tannenzapfen sammeln und gemähtes Gras in Heu verwandeln. Mit dem Förster eine Wildfütterung vereinbaren, den Wald, Tierspuren, Tierbauten, erkunden. Nicht nur bei Schnee, Waldwissen erweitern, Beruf des Försters erfahren, Eichhörnchen mit Nüssen füttern, Vogelhäuschen herstellen oder selbstgemachte Meisen Knödel aufhängen.

Im Planetarium Weihnachten erleben
Bis zu Dreikönig bieten Planetarien ein familiengerechtes Weihnachtsprogramm an und lüften aus astronomischer Sicht ein Geheimnis: „Der Stern von Bethlehem – ein himmlisches Zeichen." Ein faszinierendes Erlebnis und ganz besonders himmlischer Ort zu jeder Jahreszeit.

4 Theater, Spiele, Lieder – Kreativer Zugang zur Weihnachtszeit

Kontakte und Besuche,
auch gegenseitige, mit Alten-, Pflege- oder Seniorenheim. Flüchtlingsunterkunft. Kirche, Moschee oder andere religiöse Einrichtungen in der Nähe.

Modellieren: Knete günstig selbst herstellen

Zutaten: Aus 400 g Mehl, 200 g Salz, 3 Essl. Speiseöl, 3 Essl. Zitronensäure (in Pulverform aus der Drogerie, Apotheke), 500 ml kochendes Wasser (Aufsichtsperson!) den Teig herstellen.

Färben: Lebensmittelfarbe oder zermahlene farbige Kreide, Fingerfarben dazugeben

Haltbar halten bis sechs Monate: In Gläser mit Schraubverschluss oder Plastikdosen mit Deckel luftdicht lagern.

Figuren härten und haltbar machen: Eine Woche an warmen Ort trocknen lassen, danach 30-60 Minuten, je nach Dicke, im Backofen bei 140°C herausbacken.

Modellieren mit Salzteig

Zutaten: 500 g Mehl, 200 g Salz, etwas Wasser in einer Schüssel zum Teig kneten. Dieser lässt sich hervorragend modellieren, auswellen, Formen ausstechen, flechten.

Färben: Teig aufteilen und Farben darunter kneten.

Härten: Antrocknen lassen, dann etwa eine Stunde bei 150°C im Backofen backen.

Bemalen: Nach erkalten mit Plakat- oder Wasserfarben bemalen. Trocknen lassen, lackieren.